स्वास्थ्य जीवन एवं आत्मिक संतुलन

बाबा योगिराज

पूज्य माता हिम कुमारी एवं पूज्य पिता लक्ष्मी प्रसाद घिमिरे को समर्पण

"पिता जी ने एक बार मुझसे कहा था, 'जब तुम पैदा हुए थे, तब पूरे गाँव ने खुशी और हँसी से इसे मनाया था। लेकिन जब तुम्हारी मृत्यु होगी, तो पूरी दुनिया को शोक मनाना चाहिए कि हमने एक उत्तम व्यक्ति को खो दिए|

पिता जी ने समझाया था कि जीवन केवल जीने भर का नाम नहीं है। यह कुछ ऐसा करने के लिए है जो अर्थपूर्ण हो—कुछ ऐसा जो दूसरों को प्रेरित कर सके। जीना मुश्किल नहीं है, लेकिन एक इंसान के रूप में हमारा कर्तव्य है कि हम दूसरों के जीवन पर सकारात्मक प्रभाव छोड़ें।

मेरे पिता ने दुनिया से अनगिनत दुख और कठिनाइयाँ सहीं, लेकिन दूसरों के लिए उन्हें सहने में कभी झिझक महसूस नहीं की। उनकी ताकत और निःस्वार्थता ने मुझे ऐसे सबक दिए हैं जो हमेशा मेरे दिल में बसे रहेंगे। बचपन में उनके द्वारा कहे गए ये शब्द आज भी मुझे राह दिखाते हैं और मेरे जीवन का आधार बने हुए हैं।

आज मैं जो भी हूँ, जहाँ भी हूँ, और जो कुछ भी मैंने हासिल किया है, वह सब मेरी प्यारी माँ और पिता के अटूट आशीर्वाद का परिणाम है। यह पुस्तक उनके प्रति आभार का एक छोटा सा अर्पण है, उनके प्रेम, त्याग और मूल्यों का प्रतिबिंब।

࿐

क्रम-सूची

प्रार्थना

ॐ भूर्भुवः स्वः।
तत्सवितुर्वरेण्यं।
भर्गो देवस्य धीमहि।
धियो यो नः प्रचोदयात्।।

❧

ॐ नमो भगवते वासुदेवाय
धन्वन्तराय अमृतकलश हस्ताय
सर्वामय विनाशाय
त्रैलोक्यनाथाय श्री महाविष्णवे नमः।

❧

लेखक परिचय

बाबा योगिराज, सनातन धर्म और योग, आयुर्वेद तथा आध्यात्मिक ज्ञान के क्षेत्र में एक प्रसिद्ध और समर्पित व्यक्तित्व हैं। उनका जीवन सच्चे अर्थों में सनातन धर्म की महान परंपराओं और सिद्धांतों को आत्मसात करते हुए दूसरों को मार्गदर्शन देने के लिए समर्पित रहा है।

नेपाल के एक पारंपरिक और सांस्कृतिक रूप से समृद्ध परिवार में जन्मे बाबा योगिराज ने अपने दादा-दादी और माता-पिता के पदचिह्नों पर चलते हुए अपनी आध्यात्मिक यात्रा प्रारंभ की। उनका जीवन योग और आयुर्वेद के गहन अध्ययन, अनुसंधान और अभ्यास में बीता है।

वर्षों के अनुभव और गहन शोध ने उन्हें लाखों लोगों को स्वस्थ, सामाजिक और संस्कारित जीवन जीने के लिए प्रेरित करने वाला एक सशक्त मार्गदर्शक बना दिया है।

बाबा योगिराज का मानना है कि शरीर, मन और आत्मा का संतुलन एक सुखी और सफल जीवन का मूल आधार है। उन्होंने अपने अनुभवों को पुस्तकों और प्रवचनों के माध्यम से लोगों तक पहुँचाया है।

उनकी पुस्तक "स्वस्थ जीवन", जो मूलतः नेपाली भाषा में लिखी गई थी, अब उनकी बेटी धृति घिमिरे द्वारा हिंदी में अनुवादित की गई है। यह पुस्तक स्वास्थ्य, आध्यात्मिकता और संतुलित जीवन के लिए योग, आयुर्वेद और भगवद्गीता के गहन ज्ञान का संग्रह है।

बाबा योगिराज ने अपने गहन ज्ञान और शिक्षाओं को नेपाल के विभिन्न टेलीविजन चैनलों पर साक्षात्कार और व्याख्यान के माध्यम से साझा किया है। उन्होंने नेपाल के विभिन्न स्कूलों और सामुदायिक समूहों का व्यापक भ्रमण किया है, जहां उन्होंने सनातन धर्म, योग और आयुर्वेद के सिद्धांतों के प्रति जागरूकता फैलाने का कार्य किया और अब भी वह उस कार्य में निरंतर लगे हैं। उनका उद्देश्य सभी वर्गों के लोगों को एक संतुलित और सार्थक जीवन जीने के लिए प्रेरित करना है।

बाबा योगिराज का जीवन सादगी, तप और ज्ञान के आदर्शों का प्रतीक है। उनकी शिक्षाएँ केवल शारीरिक स्वास्थ्य तक सीमित नहीं हैं, बल्कि वे मानसिक और आत्मिक शांति का भी मार्ग दिखाती हैं। वे मानते हैं कि सनातन धर्म के सिद्धांत आधुनिक जीवन की जटिलताओं का समाधान प्रदान कर सकते हैं।

आज, बाबा योगिराज एक ऐसे प्रेरणास्त्रोत हैं, जिनका कार्य और शिक्षाएँ आने वाली पीढ़ियों के लिए एक अमूल्य धरोहर हैं। उनकी ज्ञान परंपरा केवल भारत और नेपाल तक सीमित नहीं है, बल्कि विश्वभर में लोगों को एक स्वस्थ, सशक्त और सामंजस्यपूर्ण जीवन जीने की प्रेरणा दे रही है।

अनुवादिका की कलम से

चाहे भारत हो या नेपाल, दोनों ही सभ्यताओं की जड़ें सनातन धर्म और उसकी महान परंपरा में गहराई तक समाई हुई हैं। हमारा परिवार कई पीढ़ियों से इस अद्वितीय विरासत को सहेजता और आगे बढ़ाता आ रहा है।

मेरे पिताजी, जिन्हें आज लोग "बाबा योगिराज" के नाम से जानते हैं, ने इस विरासत को जीवंत बनाए रखने के लिए अपने दादा-दादी और माता-पिता के पदचिह्नों पर चलते हुए अपना सम्पूर्ण जीवन समर्पित कर दिया।

उनका जीवन और कार्य इस बात का प्रमाण है कि सनातन धर्म के सिद्धांत न केवल जीवन को शारीरिक रूप से स्वस्थ रखते हैं, बल्कि मानसिक और आध्यात्मिक रूप से भी संतुलन प्रदान करते हैं। आज वह लाखों लोगों को अपने ज्ञान, शिक्षा और अनुभवों के माध्यम से स्वस्थ, सामाजिक और संस्कारित जीवन जीने की प्रेरणा दे रहे हैं।

एक परिवार की छोटी सदस्य होने के नाते, मैंने भी अपने कर्तव्यों को समझते हुए उनके इस अमूल्य योगदान को आगे बढ़ाने का प्रयास किया है। मेरा मानना है कि आने वाली पीढ़ियों को भी इस अद्वितीय ज्ञान परंपरा से शिक्षित करना और इसे जीवंत बनाए रखना हमारी सामूहिक जिम्मेदारी है।

इसी उद्देश्य से मैंने अपने पिताजी की नेपाली पुस्तक "स्वस्थ जीवन" का हिन्दी में एवं अँग्रेजी में अनुवाद करने का बीड़ा उठाया है।

इस पुस्तक के माध्यम से मेरा प्रयास है कि यह विलुप्त होती, मगर अमूल्य ज्ञान परंपरा, न केवल भारत और नेपाल में बल्कि विश्व के हर कोने में पहुँच सके, ताकि आने वाली पीढ़ियां भी इससे लाभान्वित हो सकें और इस ज्ञान को अपने जीवन में आत्मसात कर सकें।

यह पुस्तक न केवल शारीरिक स्वास्थ्य के विषय में है, बल्कि यह मानसिक और आत्मिक संतुलन का भी मार्गदर्शन देती है।

मैं आशा करती हूँ कि यह पुस्तक पिताजी के अनुभव और शिक्षाओं का सही रूप में प्रतिबिंबित करेगी और इसे पढ़ने वाले सभी पाठकों के लिए प्रेरणादायक और लाभकारी सिद्ध होगी।

मेरे इस कार्य को पूर्ण करने में पिताजी के आशीर्वाद और उनके मार्गदर्शन ने मेरी राह आसान बनाई। मैं इस पुस्तक को उनके चरणों में समर्पित करते हुए सभी पाठकों से निवेदन करती हूँ कि वे इसे पढ़ें और इस ज्ञान को अपने जीवन का हिस्सा बनाएं।

धन्यवाद।

धृति घिमिरे,
लेखक ki पुत्री

स्वस्थ जीवनशैली के मार्गदर्शक सिद्धांत

योग और आयुर्वेद दक्षिण एशिया की विश्व सभ्यता को दी गई सबसे गहरी देन में से एक हैं। योग की उत्पत्ति हिमालय क्षेत्र में हुई, यह तथ्य निर्विवाद है। सहस्राब्दियों से एक विज्ञान के रूप में विकसित होकर, योग ने सीमाओं को पार किया और वैश्विक मान्यता प्राप्त की। हिमालय क्षेत्र, विशेष रूप से नेपाल, आध्यात्मिकता और योग अभ्यास के लिए विश्वभर में प्रसिद्ध है।

प्राचीन ऋषि परंपरा ने मानव सभ्यता को अत्यधिक प्रभावित किया है। उनकी शिक्षाएं शारीरिक और मानसिक स्वास्थ्य पर जोर देते हुए, स्वस्थ जीवन के सिद्धांत प्रदान करती हैं। यह भावना इस प्रार्थना में झलकती है:

"सर्वे भवन्तु सुखिनः, सर्वे सन्तु निरामयाः। सर्वे भद्राणि पश्यन्तु, मा कश्चिद् दुःखभाग्भवेत।"

इसी प्रकार, ऋग्वेद (10/191/4) में समरसता की प्रशंसा की गई है:

"संगच्छध्वं, संवदध्वं, सं वो मनांसि जानताम्।"

ये सांस्कृतिक आदर्श शांति, स्वास्थ्य और मानसिक संतुलन का समर्थन करते हैं, जो स्वस्थ जीवनशैली की नींव हैं। वेदों, पुराणों और अन्य शास्त्रों में वर्णित हिमालय को आध्यात्मिक और योग का केंद्र माना गया है। नेपाल, इस क्षेत्र का हिस्सा होते हुए, योग और आयुर्वेद के इतिहास में महत्वपूर्ण स्थान रखता है। शिवपुराण जैसे प्राचीन ग्रंथों में इस क्षेत्र में इन विधाओं के लंबे समय से प्रचलन का उल्लेख है।

आयुर्वेद और स्वास्थ्य का दर्शन

आयुर्वेद का मूल स्वास्थ्य संवर्धन में है, जिसे "स्वास्थ्य ही धन है" इस वाक्य में संक्षेप में प्रस्तुत किया गया है। हिमालय के ऋषियों ने मानव कल्याण के लिए आयुर्वेद के शोध और विकास में अपना जीवन समर्पित कर दिया। केदारनाथ, बद्रीनाथ और कैलाश जैसे पवित्र स्थल आध्यात्मिक और औषधीय ज्ञान के केंद्र हैं। आज भी, हिमालय आयुर्वेद और योग अभ्यासों के लिए महत्वपूर्ण है, जो शारीरिक, मानसिक और आध्यात्मिक स्वास्थ्य के लिए संपूर्ण समाधान प्रदान करता है।

यह पुस्तक आयुर्वेद और योग के सिद्धांतों पर आधारित है, जो प्राचीन ज्ञान और उसके व्यावहारिक अनुप्रयोगों के माध्यम से स्वस्थ जीवनशैली के लिए मार्गदर्शन प्रदान करती है। इसका उद्देश्य लोगों को कल्याण और संतुलित जीवन की प्रेरणा देना है, जो पारंपरिक अभ्यासों में निहित है।

स्वास्थ्य: सफलता की आधारशिला

स्वास्थ्य जीवन में सफलता की आधारशिला है। स्वास्थ्य के बिना, कोई भी प्रयास संपूर्ण संतोष नहीं दे सकता। एक स्वस्थ व्यक्ति अपने लक्ष्यों को प्राप्त करने में अधिक सक्षम होता है, क्योंकि शारीरिक और मानसिक स्वास्थ्य स्थिरता और उद्देश्यपूर्ण जीवन को सक्षम बनाते हैं। लेखक जोर देते हैं:

"पूर्ण स्वास्थ्य के लिए मन और शरीर का रोग-मुक्त होना आवश्यक है। एक स्वस्थ शरीर जीवंतता और ऊर्जा प्रदान करता है, जबकि एक संतुलित मन खुशी और संतोष को बढ़ावा देता है। मिलकर, ये एक आनंदमय और पूर्ण जीवन का निर्माण करते हैं।"

इसके साथ ही, लेखक यह भी उल्लेख करते हैं:

"जहां शारीरिक स्वास्थ्य को अक्सर प्राथमिकता दी जाती है, वहीं मानसिक स्वास्थ्य भी उतना ही महत्वपूर्ण है। मानसिक स्वास्थ्य मन की प्रकृति को समझने और भावनात्मक संतुलन बनाए रखने पर निर्भर करता है। एक शांत मन समग्र स्वास्थ्य के लिए आवश्यक है।"

आदि काल से मन, आत्मा और बुद्धि पर चर्चा होती रही है। इच्छाओं, क्रोध, लोभ, ईर्ष्या और आसक्ति से प्रभावित मन को कल्याण के लिए अनुशासन और नियंत्रण की आवश्यकता होती है। इस पुस्तक में व्यावहारिक उदाहरण दिए गए हैं, जो मन को नियंत्रित करने और सामंजस्य स्थापित करने की रणनीतियों को स्पष्ट करते हैं।

स्वास्थ्य में अनुशासन की भूमिका

अनुशासन एक स्वस्थ और अर्थपूर्ण जीवन के लिए अनिवार्य है। दैनिक आदतों जैसे आहार, नींद, कार्य और व्यवहार को नियमित करने से संपूर्ण स्वास्थ्य सुनिश्चित होता है। प्राचीन शास्त्र इन प्रथाओं पर जोर देते हैं, जो पारंपरिक ज्ञान और आधुनिक वैज्ञानिक दृष्टिकोणों को मिलाकर समग्र स्वास्थ्य के लिए मार्गदर्शन प्रदान करते हैं।

महान ऋषियों ने स्वास्थ्य की ओर जाने वाले मार्ग का वर्णन किया है, जिसमें उचित पोषण, विश्राम, श्वास अभ्यास (प्राणायाम) और ध्यान का महत्व बताया गया है। उनका कालातीत मार्गदर्शन शारीरिक, मानसिक और आध्यात्मिक स्वास्थ्य को संबोधित करता है और आज की तेज़-तर्रार दुनिया में भी प्रासंगिक बना हुआ है।

प्राचीन ज्ञान और आधुनिक आवश्यकताओं के बीच पुल

आज के जीवनशैली में इन प्राचीन प्रथाओं को समाहित करने के प्रयास किए जा रहे हैं। आधुनिक आवश्यकताओं को पूरा करने के लिए योग, शारीरिक व्यायाम और समग्र स्वास्थ्य तकनीकों का एक व्यवस्थित दृष्टिकोण विकसित किया जा रहा है। यह पुस्तक इन प्रथाओं को एक सुलभ और व्यावहारिक प्रारूप में प्रस्तुत करने का प्रयास करती है, जिससे व्यक्ति इन्हें अपने दैनिक जीवन में शामिल कर सकें।

मानव विकास शारीरिक और मानसिक सामंजस्य पर आधारित है। इस संतुलन को प्राप्त करने में स्वास्थ्य की भूमिका को समझना महत्वपूर्ण है। यह पुस्तक प्राचीन ज्ञान और आधुनिक जीवन के बीच सेतु बनाते हुए व्यक्तिगत और सामाजिक कल्याण के लिए एक व्यापक ढांचा प्रदान करने की आकांक्षा रखती है।

डॉ. मोदनाथ प्रश्रित

स्वस्थ रहना सभी का मौलिक अधिकार है

मनुष्य स्वाभाविक रूप से बुद्धिमान प्राणी है, जो चेतना और विवेक का उपयोग उत्पादक कार्यों और अपनी ज़िम्मेदारियों को पूरा करने के लिए कर सकता है। जो व्यक्ति अपनी बुद्धि और तर्क का प्रभावी ढंग से उपयोग करता है, उसे समझदार माना जाता है और वह जीवन के कर्तव्यों को कुशलता से प्रबंधित और पूरा कर सकता है। इसके लिए स्वास्थ्य सर्वोपरि है। एक संतोषजनक और पूर्ण जीवन जीने के लिए, अच्छा स्वास्थ्य एक अनिवार्य आवश्यकता है।

अच्छा स्वास्थ्य प्रत्येक व्यक्ति का मौलिक अधिकार है। शारीरिक स्वास्थ्य समग्र कल्याण की नींव है, लेकिन मानसिक स्वास्थ्य का महत्व भी उतना ही है। आयुर्वेद के शब्दों में:

"समदोषः समाग्निश्च समधातुमलक्रियाः। प्रसन्नात्मेन्द्रियमनाः स्वास्थ्यं इत्यभिधीयते।"

(स्वास्थ्य वह स्थिति है, जहां दोष (शारीरिक संतुलन), अग्नि (पाचन शक्ति), धातु (ऊतक), और मल (विसर्जन) संतुलित होते हैं; इंद्रियां, मन, और आत्मा सामंजस्य में रहते हैं, जिससे प्रसन्नता और संतोष प्राप्त होता है।)

सच्चा स्वास्थ्य तब प्राप्त होता है जब शरीर और मन संतुलित हों, आत्मा शांति में हो, और व्यक्ति आनंद का अनुभव करे। यह संतुलन विचारों और आचरण को प्रबंधित करने के लिए सचेत प्रयासों की मांग करता है। एक स्वस्थ आहार, अनुशासित दिनचर्या और भावनात्मक संतुलन शारीरिक और मानसिक कल्याण बनाए रखने के लिए आवश्यक हैं। आयुर्वेद बीमारियों को रोकने और स्वास्थ्य को बढ़ावा देने के लिए सचेत खानपान और नियमित जीवनशैली पर जोर देता है।

स्वास्थ्य केवल शारीरिक तंदुरुस्ती नहीं है; यह मानसिक और आध्यात्मिक कल्याण को भी शामिल करता है। प्राचीन कहावत "निहिताहारयोः अपि च निग्रहः तत्" हमें सिखाती है कि हमें सोच-समझकर खाना चाहिए और केवल वही उपभोग करना चाहिए जो शरीर के लिए लाभकारी हो। अत्यधिक सेवन या अनुचित भोजन शरीर के संतुलन को बिगाड़ता है और अस्वस्थता का कारण बनता है।

मन और शरीर का परस्पर संबंध

आयुर्वेद मानसिक और शारीरिक स्वास्थ्य के गहरे संबंध पर जोर देता है। उचित विचार, भावनात्मक संतुलन, और पौष्टिक आहार स्वास्थ्य की नींव हैं। साथ ही, यह देखभाल, अनुशासन और सचेत जीवन के माध्यम से बीमारियों की रोकथाम और स्वास्थ्य की बहाली का समर्थन करता है। शास्त्रों में कहा गया है:

"प्रशमनं उपायं द्वारं शरीरं"

(शरीर उत्कृष्टता प्राप्त करने का द्वार है, और इसके स्वास्थ्य को बनाए रखना सफलता का पहला कदम है।)

स्वास्थ्य अमूल्य संपदा है, और इसकी सुरक्षा एक पूर्ण और समृद्ध जीवन सुनिश्चित करती है। आयुर्वेद दो मुख्य उद्देश्यों को रेखांकित करता है:

स्वस्थस्य स्वास्थ्य रक्षणम् – स्वस्थ व्यक्ति के स्वास्थ्य का संरक्षण।

आतुरस्य विकार प्रशमनम् – रोगी के रोगों का उपचार।

समग्र स्वास्थ्य के लिए शाश्वत ज्ञान

वेदों और आयुर्वेद जैसे प्राचीन ग्रंथों का ज्ञान अच्छे भोजन, व्यायाम, ध्यान और योग के महत्व को उजागर करता है, जो समग्र कल्याण प्राप्त करने के लिए अत्यधिक आवश्यक हैं। ये सिद्धांत एक संतुलित और सामंजस्यपूर्ण जीवन के लिए स्पष्ट मार्गदर्शन प्रदान करते हैं।

यह आमुख सार्वभौमिक स्वास्थ्य और कल्याण की एक हार्दिक प्रार्थना के साथ समाप्त होता है। आइए हम सभी इन शाश्वत सिद्धांतों के मार्गदर्शन में एक स्वस्थ, अनुशासित और संतोषजनक जीवन अपनाने का प्रयास करें।

भानु प्रसाद मिश्रा

☙

स्वस्थ जीवन पर कुछ विचार

यह मेरे लिए एक विशेष सम्मान है कि मैंने बाबा योगीराज द्वारा लिखित इस पुस्तक को पढ़ा है। उन्होंने योग और आयुर्वेद को स्वास्थ्य के लिए सैद्धांतिक और व्यावहारिक उपकरणों के रूप में सहजता से एकीकृत किया है। हिमालक्ष्मी आरोग्य धाम, दोहोते, अर्घाखांची के संचालन द्वारा समर्थित उनका यह कार्य, उनके गुरु की शिक्षाओं को जीवन का आदर्श मानते हुए मानवता की सेवा के प्रति उनकी प्रतिबद्धता को दर्शाता है। यह पुस्तक न केवल प्रासंगिक है, बल्कि अत्यधिक लाभदायक भी है, जो पाठकों के जीवन में परिवर्तनकारी और स्वस्थ जीवन की दिशा में मार्गदर्शन प्रदान करती है।

महात्मा गांधी के स्वास्थ्य और आहार के प्रति दृष्टिकोण को भी इस तरह की प्रेरणादायक पुस्तकों ने गहराई से प्रभावित किया। जब गांधीजी अपनी पढ़ाई के दौरान घर से दूर थे, तो उन्हें पाचन संबंधी समस्याओं का सामना करना पड़ा। दवाओं के विकल्प के रूप में उन्होंने लुई कुहने, सेबास्टियन नाइप, और एडोल्फ जस्ट जैसे जर्मन डॉक्टरों द्वारा सुझाए गए तरीकों को अपनाया। इन डॉक्टरों की पुस्तकों में प्राकृतिक जीवनशैली, सरल आहार और शाकाहार को स्वास्थ्य का आधार बताया गया। उन्होंने मिट्टी, पानी, हवा, सूर्यप्रकाश, और आकाश जैसे प्रकृति के तत्वों का उपयोग रोगों के निदान और उपचार के लिए किया।

इन विधियों को पहले उन्होंने स्वयं पर लागू किया और उनकी प्रभावशीलता में विश्वास प्राप्त करने के बाद दूसरों की मदद की। गांधीजी ने इन सिद्धांतों को पूरी तरह आत्मसात किया और अपने सत्य के दर्शन का हिस्सा बनाते हुए आहार और स्वास्थ्य की सादगी को अपने स्वतंत्रता आंदोलन का अभिन्न अंग बनाया।

गांधी के विचारों का प्रभाव विठ्ठलदास मोदी जैसे व्यक्तियों पर भी पड़ा, जिन्होंने भारत के प्रसिद्ध प्राकृतिक चिकित्सा केंद्र आरोग्य मंदिर की स्थापना की। योग, प्राकृतिक चिकित्सा, और आयुर्वेद के साझा सिद्धांत इस बात पर जोर देते हैं कि खराब आहार और जीवनशैली शारीरिक बीमारियों का मूल कारण हैं, जो अक्सर पेट से उत्पन्न होती हैं। बाबा योगीराज अपनी इस मुहिम के माध्यम से इसी बुनियादी अवधारणा को लोगों तक पहुंचाने का प्रयास कर रहे हैं।

स्वास्थ्य और अगली पीढ़ी के लिए इसका महत्व

एक महत्वपूर्ण प्रश्न उठता है: वर्तमान पीढ़ी के लिए हम क्या विरासत छोड़ें? क्या हमें उन्हें वह देना चाहिए जो वे चाहते हैं, या जो उनकी वास्तविक आवश्यकता है? उनकी इच्छाओं

को पूरा करना हमें प्रिय बना सकता है, लेकिन यह समाज को मजबूत बनाने के लिए आवश्यक ऊर्जा प्रदान नहीं करता। इसके विपरीत, उनकी आवश्यकताओं को पूरा करना हमेशा स्वागतयोग्य नहीं होता, क्योंकि इसमें अनुशासन और उन सिद्धांतों का पालन करना शामिल है, जो विकास का मार्ग प्रशस्त करते हैं।

युवा अक्सर त्वरित संतुष्टि की ओर झुकते हैं, दीर्घकालिक परिणामों की अनदेखी करते हुए। लेकिन जब उनके चुनावों का प्रभाव खराब स्वास्थ्य या चुनौतियों के रूप में प्रकट होता है, तो वे उपाय और मार्गदर्शन की तलाश में होते हैं।

स्वस्थ और अनुशासित युवा किसी भी राष्ट्र की प्रगति की नींव हैं। यह पुस्तक गहन प्रश्नों को संबोधित करती है: स्वास्थ्य क्या है? मन क्या है? इंद्रियों को कैसे नियंत्रित किया जाए? मानसिक विकारों का कारण क्या है? और कोई स्वस्थ और संतुलित दिनचर्या कैसे बनाए रख सकता है? पुस्तक में आहार, दैनिक आदतों, और ऋतुओं के अनुसार जीवनशैली पर प्राचीन दृष्टिकोण को आधुनिक संदर्भ में प्रस्तुत किया गया है। इसमें आहार, योग, और व्यायाम—जैसे आसन, प्राणायाम, मुद्राएं, त्राटक और ध्यान—के व्यावहारिक सुझाव स्पष्ट चित्रों के साथ दिए गए हैं।

स्वस्थ जीवन पर कुछ विचार डॉ. बाबूराम ग्यावली द्वारा यह मेरे लिए एक विशेष सम्मान है कि मैंने बाबा योगीराज द्वारा लिखित इस पुस्तक को पढ़ा है। उन्होंने योग और आयुर्वेद को स्वास्थ्य के लिए सैद्धांतिक और व्यावहारिक उपकरणों के रूप में सहजता से एकीकृत किया है। हिमालक्ष्मी आरोग्य धाम, दोहोते, अर्घाखांची के संचालन द्वारा समर्थित उनका यह कार्य, उनके गुरु की शिक्षाओं को जीवन का आदर्श मानते हुए मानवता की सेवा के प्रति उनकी प्रतिबद्धता को दर्शाता है।

यह पुस्तक न केवल प्रासंगिक है, बल्कि अत्यधिक लाभदायक भी है, जो पाठकों के जीवन में परिवर्तनकारी और स्वस्थ जीवन की दिशा में मार्गदर्शन प्रदान करती है। महात्मा गांधी के स्वास्थ्य और आहार के प्रति दृष्टिकोण को भी इस तरह की प्रेरणादायक पुस्तकों ने गहराई से प्रभावित किया। जब गांधीजी अपनी पढ़ाई के दौरान घर से दूर थे, तो उन्हें पाचन संबंधी समस्याओं का सामना करना पड़ा।

दवाओं के विकल्प के रूप में उन्होंने लुई कुहने, सेबास्टियन नाइप, और एडोल्फ जस्ट जैसे जर्मन डॉक्टरों द्वारा सुझाए गए तरीकों को अपनाया। इन डॉक्टरों की पुस्तकों में प्राकृतिक जीवनशैली, सरल आहार और शाकाहार को स्वास्थ्य का आधार बताया गया। उन्होंने मिट्टी, पानी, हवा, सूर्यप्रकाश, और आकाश जैसे प्रकृति के तत्वों का उपयोग रोगों के निदान और उपचार के लिए किया। इन विधियों को पहले उन्होंने स्वयं पर लागू किया

और उनकी प्रभावशीलता में विश्वास प्राप्त करने के बाद दूसरों की मदद की। गांधीजी ने इन सिद्धांतों को पूरी तरह आत्मसात किया और अपने सत्य के दर्शन का हिस्सा बनाते हुए आहार और स्वास्थ्य की सादगी को अपने स्वतंत्रता आंदोलन का अभिन्न अंग बनाया।

गांधी के विचारों का प्रभाव विठ्ठलदास मोदी जैसे व्यक्तियों पर भी पड़ा, जिन्होंने भारत के प्रसिद्ध प्राकृतिक चिकित्सा केंद्र आरोग्य मंदिर की स्थापना की। योग, प्राकृतिक चिकित्सा, और आयुर्वेद के साझा सिद्धांत इस बात पर जोर देते हैं कि खराब आहार और जीवनशैली शारीरिक बीमारियों का मूल कारण हैं, जो अक्सर पेट से उत्पन्न होती हैं। बाबा योगीराज अपनी इस मुहिम के माध्यम से इसी बुनियादी अवधारणा को लोगों तक पहुंचाने का प्रयास कर रहे हैं।

स्वास्थ्य और अगली पीढ़ी के लिए इसका महत्व एक महत्वपूर्ण प्रश्न उठता है: वर्तमान पीढ़ी के लिए हम क्या विरासत छोड़ें? क्या हमें उन्हें वह देना चाहिए जो वे चाहते हैं, या जो उनकी वास्तविक आवश्यकता है? उनकी इच्छाओं को पूरा करना हमें प्रिय बना सकता है, लेकिन यह समाज को मजबूत बनाने के लिए आवश्यक ऊर्जा प्रदान नहीं करता। इसके विपरीत, उनकी आवश्यकताओं को पूरा करना हमेशा स्वागतयोग्य नहीं होता, क्योंकि इसमें अनुशासन और उन सिद्धांतों का पालन करना शामिल है, जो विकास का मार्ग प्रशस्त करते हैं।

युवा अक्सर त्वरित संतुष्टि की ओर झुकते हैं, दीर्घकालिक परिणामों की अनदेखी करते हुए। लेकिन जब उनके चुनावों का प्रभाव खराब स्वास्थ्य या चुनौतियों के रूप में प्रकट होता है, तो वे उपाय और मार्गदर्शन की तलाश में होते हैं। स्वस्थ और अनुशासित युवा किसी भी राष्ट्र की प्रगति की नींव हैं।

यह पुस्तक गहन प्रश्नों को संबोधित करती है: स्वास्थ्य क्या है? मन क्या है? इंद्रियों को कैसे नियंत्रित किया जाए? मानसिक विकारों का कारण क्या है? और कोई स्वस्थ और संतुलित दिनचर्या कैसे बनाए रख सकता है? पुस्तक में आहार, दैनिक आदतों, और ऋतुओं के अनुसार जीवनशैली पर प्राचीन दृष्टिकोण को आधुनिक संदर्भ में प्रस्तुत किया गया है। इसमें आहार, योग, और व्यायाम—जैसे आसन, प्राणायाम, मुद्राएं, त्राटक और ध्यान—के व्यावहारिक सुझाव स्पष्ट चित्रों के साथ दिए गए हैं।

यह पुस्तक न केवल प्राचीन योग और आयुर्वेद के सिद्धांतों का समावेश करती है, बल्कि इसे आधुनिक जीवनशैली में कैसे लागू किया जा सकता है, इस पर भी व्यावहारिक दिशा-निर्देश प्रदान करती है। इसमें बताए गए नियम और विधियां, जैसे कि सही आहार, नियमित व्यायाम, और ध्यान, न केवल शारीरिक स्वास्थ्य को सुधारने में सहायक हैं,

बल्कि मानसिक और आध्यात्मिक शांति को भी प्रोत्साहित करते हैं।

स्वास्थ्य केवल बीमारियों से मुक्त होने का नाम नहीं है, बल्कि यह एक ऐसा संपूर्ण संतुलन है जिसमें शरीर, मन और आत्मा का सामंजस्य होता है। यह पुस्तक इस अवधारणा को विस्तार से समझाती है और यह भी स्पष्ट करती है कि योग और आयुर्वेद के माध्यम से इस संतुलन को कैसे प्राप्त किया जा सकता है।

इस पुस्तक में दिए गए सरल और प्रभावी उपाय, जैसे प्राणायाम, ध्यान, और उचित आहार, केवल शारीरिक फिटनेस तक सीमित नहीं हैं। वे जीवन के प्रत्येक पहलू में सकारात्मकता और ऊर्जा को बढ़ावा देने का माध्यम बनते हैं।

हमारी पीढ़ियों के लिए यह अत्यंत महत्वपूर्ण है कि वे स्वस्थ जीवन शैली अपनाएं, क्योंकि आज की आदतें भविष्य की पीढ़ियों की विरासत बनती हैं। यदि हम आज योग, आयुर्वेद और प्राकृतिक जीवनशैली को अपनी दिनचर्या का हिस्सा बनाते हैं, तो हम आने वाली पीढ़ियों को एक स्वस्थ और संतुलित समाज सौंप सकते हैं।

बाबा योगीराज की यह पुस्तक न केवल एक मार्गदर्शक है, बल्कि एक प्रेरणा स्रोत भी है, जो जीवन को गहराई से समझने और एक सकारात्मक दिशा में ले जाने में सहायता करती है। यह पुस्तक प्रत्येक व्यक्ति को अपने जीवन में स्वास्थ्य, संतुलन, और शांति स्थापित करने के लिए प्रोत्साहित करती है।

आइए, इस शाश्वत ज्ञान को आत्मसात करें और अपने जीवन को एक नई ऊंचाई पर ले जाएं।

डॉ. बाबूराम ग्यावली

भूमिका

प्रकृति हमारी शाश्वत मां है, और हम कभी भी उससे पूरी तरह अलग नहीं हो सकते। जो लोग प्रकृति से दूर होने का प्रयास करते हैं, वे कभी सच्चा स्वास्थ्य, सुख, शांति, या संतोष नहीं पा सकते। प्रकृति हमें हर वह चीज़ प्रदान करती है जिसकी हमें आवश्यकता है, लेकिन उसकी देन का उपयोग करने की अज्ञानता ने मानवता को बीमारियों और दुखों से भर दिया है। इसे समझते हुए, मैंने जब अपनी पहली पुस्तक "*होम मेडिसिन कलेक्शन*' प्रकाशित की, जिसमें सामान्य रूप से उपलब्ध जड़ी-बूटियों का प्रभावी ढंग से उपयोग करने का तरीका बताया गया—क्या उपयोग करें, कितनी मात्रा में, और किस विधि से। यह पुस्तक हर गांव के घर में पाए जाने वाले सरल उपायों से बीमारियों के इलाज के लिए एक मार्गदर्शिका थी।

हालांकि, आज के बदलते समय में बढ़ती बीमारियों को देखकर—ऐसी बीमारियां जो उन्नत इलाज और बढ़ती क्लीनिकों, अस्पतालों और नर्सिंग होम के बावजूद भी बनी रहती हैं—मैंने इलाज के बजाय रोकथाम पर ध्यान केंद्रित किया। इसी ने *स्वस्थ जीवन* पुस्तक की रचना को प्रेरित किया। दुर्भाग्यवश, इस नए काम में लगने वाले प्रयासों के कारण मैं *होम मेडिसिन कलेक्शन* का दूसरा संस्करण प्रकाशित नहीं कर सका। मैं इसे संशोधित कर भविष्य में जारी करने के लिए प्रतिबद्ध हूं।

आपके हाथों में यह पुस्तक आपके स्वास्थ्य की सुरक्षा के लिए एक मार्गदर्शिका है। इसका उद्देश्य आपको और आपके परिवार को नैतिक रूप से सशक्त, संस्कारित, अनुशासित, और मानसिक, शारीरिक, सामाजिक, और आध्यात्मिक रूप से स्वस्थ बनाना है। यदि इसे एक भरोसेमंद साथी के रूप में अपनाया जाए और इसके सिद्धांतों का ईमानदारी से पालन किया जाए, तो यह पुस्तक आपके और आपके प्रियजनों के लिए स्वास्थ्य और खुशी से भरा भविष्य सुनिश्चित कर सकती है। इसकी सफलता आपके प्रयास और अनुप्रयोग पर निर्भर करती है। मैं जागरूक पाठकों को अपने सुझाव और प्रतिक्रिया साझा करने के लिए विनम्रतापूर्वक आमंत्रित करता हूं, जिन्हें मैं भविष्य के संस्करणों में कृतज्ञतापूर्वक सम्मिलित करूंगा।

मैं अपनी प्रिय बेटी धृति को हार्दिक आशीर्वाद देता हूँ, जिसने मेरी नेपाली पुस्तक को हिंदी और अंग्रेजी में अनुवाद करने का कठिन कार्य किया है। यह ज्ञान व्यापक रूप से लोगों तक पहुँचाने के लिए उसकी मेहनत और समर्पण वास्तव में प्रशंसनीय है।

इस पुस्तक का अनुवाद करके, उसने न केवल इसे भारत और हिंदी भाषी क्षेत्रों के लोगों के लिए सुलभ बनाया है, बल्कि इसके अंग्रेजी संस्करण के माध्यम से वैश्विक स्तर पर भी इस

अमूल्य ज्ञान को पहुँचाने का प्रयास किया है। यह उसकी हमारे पारिवारिक विरासत के प्रति गहरी श्रद्धा और सनातन धर्म, योग और आयुर्वेद की कालजयी शिक्षाओं को संरक्षित और साझा करने की सच्ची इच्छा को दर्शाता है।

मैं उसकी दूरदृष्टि और दृढ़ निश्चय पर गर्व करता हूँ, क्योंकि उसने इस महान कार्य को आगे बढ़ाने का साहसिक कदम उठाया है। वह इस ज्ञान को दूर-दूर तक फैलाकर अनगिनत जीवन को प्रेरित करने के मार्ग पर अग्रसर है। मेरी शुभकामनाएँ और आशीर्वाद सदा उसके साथ रहेंगे। भगवान उसे इस पवित्र कार्य में और अधिक शक्ति और सफलता प्रदान करें।

मैं उन लेखकों, ऋषियों, और पूर्वजों के प्रति अपनी हार्दिक कृतज्ञता व्यक्त करता हूं, जिनके कार्य इस पुस्तक के संदर्भ बने। मैं अपने मित्रों, श्री भवानी प्रसाद मिश्रा, डॉ. मोदनाथ प्रश्रित, और डॉ. बाबूराम ग्यावली, तथा अन्य शुभचिंतकों को भी धन्यवाद देता हूं, जिनकी सलाह और समर्थन इस कार्य को पूरा करने में अमूल्य रहे।

मुझे स्वर्ग, राज्य, सुख-सुविधाओं, या मृत्यु के बाद मोक्ष की कोई इच्छा नहीं है। मेरा एकमात्र उद्देश्य गरीबों और बीमारों की सेवा करना है, उनके कष्टों को कम करना है।

"जो दुख में रोते हैं, उन्हें हंसना सिखाएं।
आइए, हम दूसरों के दुख के लिए आंसू बहाएं।"

अंत में, मैं इस विनम्र अर्पण, इस *कुसुमांजलि* (फूलों की छोटी माला) को अपनी प्रिय मां, जो अब बैकुंठ (विष्णु का निवास) में हैं, और अपने पिता, जो कैलाश (शिव का निवास) में हैं, को समर्पित करता हूं।

बाबा योगिराज
(योग शिक्षक एवं पंचगव्य आयुर्वेद विशेषज्ञ)

हिमलक्ष्मी आरोग्य-धाम
ठाड़ा-5, डोहोटे, अर्घाखाँची, नेपाल

अस्वीकरण (disclaimer)

यह पुस्तक मेरे द्वारा लिखित नेपाली पुस्तक "स्वस्थ जीवन" का हिंदी अनुवाद है, जिसे मेरी बेटी "धृति घिमिरे", जो भारत में अध्ययनरत है, ने पूर्ण किया है।

इस पुस्तक के सभी सर्वाधिकार पुस्तक के लेखक और मेरी पुत्री "धृति घिमिरे", जिन्होंने इसका अनुवाद किया है, पर सुरक्षित हैं। बिना पूर्व अनुमति इस पुस्तक के किसी भी भाग को पुनः प्रकाशित करना या उपयोग करना कानूनन प्रतिबंधित है। पुनः प्रकाशन या उपयोग के लिए लेखक से अनुमति लेना अनिवार्य है।

इस पुस्तक में दी गई सभी जानकारियाँ लेखक के शोध, अनुभव और उपलब्ध स्रोतों पर आधारित हैं। यह पुस्तक केवल शैक्षणिक और सूचना प्रदान करने के उद्देश्य से लिखी गई है। इसमें दिए गए सुझाव, विधियाँ और उपाय सामान्य संदर्भों के लिए हैं।

पाठकों को सलाह दी जाती है कि किसी भी प्रकार के स्वास्थ्य, चिकित्सा या अन्य निर्णय लेने से पहले किसी योग्य विशेषज्ञ या डॉक्टर से परामर्श करें। इस पुस्तक में दी गई जानकारी के उपयोग से यदि किसी प्रकार की हानि या समस्या उत्पन्न होती है, तो इसके लिए लेखक, अनुवादक या प्रकाशक जिम्मेदार नहीं होंगे।

सभी पाठकों से निवेदन है कि वे अपनी परिस्थितियों और विशेषज्ञों की सलाह के अनुसार निर्णय लें।

लेखक और अनुवादिका ने पुस्तक में दी गई जानकारी की सटीकता और प्रामाणिकता सुनिश्चित करने का हर संभव प्रयास किया है, लेकिन यह किसी भी प्रकार की गारंटी प्रदान नहीं करता है। पुस्तक में शामिल जानकारी का उपयोग पाठक अपने विवेक और जिम्मेदारी पर करेंगे।

आपके समर्थन और समझ के लिए धन्यवाद।

बाबा योगीराज (लेखक) एवं धृति घिमिरे (अनुवादिका)

༺ঔৡ༻

1

क्या आप स्वस्थ हैं?

सच्चे जीवन का सार आनंदपूर्वक जीने में है। एक सुखी जीवन के लिए स्वास्थ्य सबसे पहली और आवश्यक शर्त है। यदि कोई व्यक्ति अस्वस्थ है, तो शिक्षा, बुद्धिमत्ता, धन, या सम्मान का क्या लाभ? एक स्वस्थ गरीब व्यक्ति एक बीमार अमीर व्यक्ति की तुलना में कहीं अधिक खुश रहता है। एक गरीब, स्वस्थ व्यक्ति साधारण भोजन का आनंद लेता है, गहरी नींद सोता है, और ऊर्जा के साथ दिन की शुरुआत करता है। इसके विपरीत, एक अमीर व्यक्ति, चाहे सोने की थाली में परोसे गए शानदार भोजन के साथ भी, शायद न खा सके, न स्वतंत्र रूप से चल-फिर सके, और न ही जीवन का आनंद ले सके। इसलिए, स्वास्थ्य ही वह आधार है, जिसके द्वारा हम जीवन की खुशियों का अनुभव कर सकते हैं, ज्ञान प्राप्त कर सकते हैं, दूसरों का नेतृत्व कर सकते हैं, व्यापार कर सकते हैं, समाज की सेवा कर सकते हैं, और प्रसिद्धि प्राप्त कर सकते हैं।

प्राचीन ऋषि-मुनियों ने सात प्रमुख स्रोतों को सुख का आधार माना है:

एक स्वस्थ शरीर

आवश्यकताओं को पूरा करने के लिए पर्याप्त आय

प्रसन्न और सहायक जीवन साथी

आज्ञाकारी और गुणी संतान

सच्चे ज्ञान की प्राप्ति

उचित और आरामदायक जीवन परिस्थितियां

सौहार्दपूर्ण संबंध

इन सभी प्रकार के सुखों का आधार पहला है—अच्छा स्वास्थ्य। इसके बिना, अन्य सभी सुखों का कोई अर्थ नहीं रह जाता। इस अमूल्य उपहार, स्वास्थ्य, को बनाए रखने के लिए हमें संतुलित आहार, अनुशासित जीवनशैली, सकारात्मक आदतें, और पोषणकारी दृष्टिकोण अपनाना होगा।

रोकथाम का महत्व

पैसे से दवाएं खरीदी जा सकती हैं, लेकिन स्वास्थ्य नहीं। अगर स्वास्थ्य खरीदा जा सकता, तो कोई भी अमीर व्यक्ति कभी बीमार न होता और डॉक्टर, नर्स या अस्पताल के कर्मचारी कभी अस्वस्थ न होते। फिर भी, बीमारियां हर किसी को प्रभावित करती हैं, चाहे वह धनवान हो या विशेषज्ञ। पूर्वी दर्शन हमें सिखाता है:

"प्रक्षालनादि्ध पंकस्य दूरादस्पर्शनं वरम्"

कीचड़ को साफ करने से बेहतर है कि उससे दूर रहा जाए। इसी प्रकार, यह कहावत "रोकथाम इलाज से बेहतर है" इस बात पर जोर देती है कि बीमारी को बाद में ठीक करने के बजाय, उससे बचना अधिक महत्वपूर्ण है। आधुनिक चिकित्सा की प्रगति के बावजूद, सभी बीमारियों का इलाज संभव नहीं है।

स्वास्थ्य हर प्रयास के लिए आवश्यक है। एक बीमार व्यक्ति की क्षमताएं सीमित हो जाती हैं, जिससे एक विद्वान की बुद्धिमत्ता भी समाज के लिए प्रभावी नहीं रह पाती। बीमारी परिवारों और समुदायों पर बोझ बन जाती है और सामाजिक सामंजस्य को बाधित करती है। आयुर्वेद में कहा गया है:

"धर्मार्थकाममोक्षाणामारोग्यं मूलमुत्तमम्" *(चरक संहिता)*—धर्म, अर्थ, काम और मोक्ष को प्राप्त करने के लिए स्वास्थ्य सर्वोत्तम आधार है।

बीमारी के कारण और स्वस्थ होने का मार्ग

अधिकांश बीमारियां अनियमित जीवनशैली, अस्वास्थ्यकर आहार, और अत्यधिक भोग से उत्पन्न होती हैं। अनुशासित दिनचर्या का पालन करके, संयमित भोजन करके, और अति से बचकर, कई मानसिक और शारीरिक रोगों को रोका जा सकता है। आयुर्वेद, योग,

और प्रकृति के संसाधन स्वास्थ्य पुनः प्राप्त करने के व्यावहारिक समाधान प्रदान करते हैं। योगिक क्रियाओं, पंच तत्वों के उपयोग, और जड़ी-बूटियों के उपचार जैसे अभ्यास संतुलन पुनः स्थापित करने में सहायक हो सकते हैं।

आधुनिक जीवनशैली, जो भोग, तनाव, और इंद्रियों की अधिकता से भरी हुई है, ने लोगों को मानसिक, शारीरिक, सामाजिक, और आध्यात्मिक स्वास्थ्य से दूर कर दिया है। घृणा, भय, ईर्ष्या, और क्रोध जैसी नकारात्मक भावनाएं बढ़ रही हैं, जबकि धैर्य, दया, और करुणा जैसे गुण कम होते जा रहे हैं। यह असंतुलन मानसिक बीमारियों के बढ़ने में योगदान देता है।

पूर्ण स्वास्थ्य के लिए शरीर और मन का सामंजस्य आवश्यक है। एक मजबूत शरीर यदि बीमार मन से जुड़ा हो, तो अंततः यह शारीरिक बीमारी का कारण बनता है। इसके विपरीत, एक प्रसन्न मन शारीरिक स्वास्थ्य को पोषित करता है, जिससे एक सकारात्मक स्वास्थ्य चक्र बनता है। आयुर्वेदिक ग्रंथ *अष्टांग संग्रह* में कहा गया है:

"जो व्यक्ति पौष्टिक भोजन करता है, सही और गलत में भेद करता है, अच्छे कार्य करता है, संयम का पालन करता है, दान देता है, क्षमा करता है, और दूसरों की सेवा करता है, वही स्वस्थ है।"

स्वास्थ्यः एक समग्र परिभाषा

विश्व स्वास्थ्य संगठन (WHO) स्वास्थ्य को परिभाषित करता है:

"स्वास्थ्य केवल बीमारी की अनुपस्थिति नहीं है, बल्कि यह शारीरिक, मानसिक, सामाजिक, और आध्यात्मिक पूर्णता की स्थिति है।"

यह परिभाषा आयुर्वेद के समग्र दृष्टिकोण के साथ मेल खाती है, जो शरीर, मन, और आत्मा के संतुलन पर विशेष जोर देता है। *सुश्रुत संहिता* में स्वास्थ्य का वर्णन इस प्रकार किया गया है:

"समदोषः समाग्निश्च समधातुमलक्रियाः।
प्रसन्नात्मेन्द्रियमनाः स्वास्थ्यं इत्यभिधीयते।"

(एक स्वस्थ व्यक्ति वह है, जिसके शरीर के तत्व (वात, पित्त, कफ), ऊतक (रस, रक्त, मांस, मेद, अस्थि, मज्जा और शुक्र), पाचन अग्नि, और मल संतुलित हों, और जिसकी आत्मा, इंद्रियां, और मन प्रसन्न हों।)

यह व्यापक परिभाषा शारीरिक और मानसिक स्वास्थ्य के बीच परस्पर संबंध को उजागर करती है, जहां आध्यात्मिक कल्याण को अंतिम लक्ष्य के रूप में देखा जाता है।

मनः स्वास्थ्य की कुंजी

मानसिक स्वास्थ्य शारीरिक स्वास्थ्य जितना ही महत्वपूर्ण है। एक स्वस्थ मन सकारात्मक विचारों को अपनाता है और हानिकारक, नकारात्मक विचारों से बचता है। जो विचार हम बार-बार अपने मन में लाते हैं, वे हमारी क्रियाओं को प्रभावित करते हैं और अंततः हमारे भाग्य का निर्माण करते हैं। एक स्वस्थ मन बनाए रखने के लिए आत्म-जागरूकता, मन की गतिविधियों को समझना, और सकारात्मक सोच की क्षमता को पोषित करना आवश्यक है।

हमारा शरीर पंच तत्वों (पृथ्वी, जल, अग्नि, वायु, और आकाश) से निर्मित है और आत्मा द्वारा संचालित होता है। मन, आत्मा से प्रेरित होकर, शरीर की क्रियाओं को निर्देशित करता है। जब आत्मा शरीर से निकल जाती है, तो मन भी निष्क्रिय हो जाता है, और शरीर जीवित नहीं रह पाता। इसलिए, मन आत्मा और शरीर के बीच एक माध्यम है। इसकी विभिन्न क्षमताएं—मन, बुद्धि, अहंकार, और चेतना—मिलकर जीवन का संचालन करती हैं।

निष्कर्ष

अच्छा स्वास्थ्य एक आनंदमय और संतोषजनक जीवन की आधारशिला है। अनुशासन को अपनाकर, विचारों को संतुलित करके, और शरीर व मन के बीच सामंजस्य स्थापित करके समग्र कल्याण प्राप्त किया जा सकता है। स्वास्थ्य कोई बाहरी वस्तु नहीं है, बल्कि एक आंतरिक अवस्था है, जिसे सचेत प्रयासों से प्राप्त किया जा सकता है।

एक संपूर्ण जीवनशैली के प्रति प्रतिबद्धता के साथ, हम अपने और अपने समुदायों के लिए खुशी और समृद्धि सुनिश्चित कर सकते हैं।

2

"मन" - इसकी भूमिका और प्रभाव

मन विचार, निर्णय लेने और योजना बनाने का केंद्र है। जीवंत, अशांत, और अत्यंत तीव्र गति से संचालित होने वाला मन प्रकाश की गति से भी अधिक तेज चलता है। मन के मार्गदर्शन के बिना बुद्धि क्रियाशील नहीं हो सकती, और शरीर निष्क्रिय और प्रतिक्रियाहीन बना रहता है। इस प्रकार, मन शरीर पर उसी प्रकार शासन करता है जैसे एक शासक अपने राज्य पर करता है।

आयुर्वेद के अनुसारः

"जब आत्मा, इंद्रियां और विषय मन के साथ जुड़ते हैं, तो ज्ञान की प्राप्ति होती है। मन की भागीदारी के बिना, कोई भी ज्ञान संभव नहीं है।"

यह कथन मानव समझ और जागरूकता में मन की अनिवार्य भूमिका को रेखांकित करता है।

मन और इंद्रियां

मन ज्ञानेंद्रियों (gyanendriyas) के माध्यम से ज्ञान प्राप्त करता है और कर्मेंद्रियों (karmendriyas) के माध्यम से क्रियाएं करता है। ज्ञानेंद्रियों में आंख, नाक, कान, जीभ, और त्वचा शामिल हैं, जबकि कर्मेंद्रियां हाथ, पैर, मुख, प्रजनन अंग, और गुदा हैं। प्रत्येक ज्ञानेंद्रिय का एक विशिष्ट कार्य होता है और यह पंचमहाभूतों (पांच मूल तत्वों) से गहराई से जुड़ी होती है:

श्रवण (कान): आकाश से संबंधित है, क्योंकि ध्वनि तरंगों को यात्रा करने के लिए स्थान की आवश्यकता होती है।

दृष्टि (आंख): प्रकाश या अग्नि से जुड़ी है, क्योंकि दृष्टि केवल प्रकाश की उपस्थिति में संभव है।

स्वाद (जीभ): जल पर निर्भर करती है, क्योंकि स्वाद को अनुभव करने के लिए जीभ में नमी आवश्यक है।

गंध (नाक): पृथ्वी से जुड़ी है, क्योंकि गंध भौतिक कणों से उत्पन्न होती है।

स्पर्श (त्वचा): वायु से संबंधित है, क्योंकि स्पर्श का अनुभव दबाव और गति पर निर्भर करता है।

जीभ विशेष है, क्योंकि यह दोहरे कार्य करती है: स्वाद लेना (ज्ञानेंद्रिय का कार्य) और बोलना (कर्मेंद्रिय का कार्य)। इसका यह दोहरा कार्य संतुलन के महत्व को दर्शाता है—अत्यधिक स्वाद का भोग या अनावश्यक बोलना शरीर और संबंधों को नुकसान पहुंचा सकता है।

इसी प्रकार, प्रजनन अंग भी दो कार्य करते हैं: मूत्र त्याग और प्रजनन। प्रकृति की संरचना संतुलन पर जोर देती है और अति प्रयोग या दुरुपयोग से ऊर्जा और जीवन शक्ति के ह्रास की चेतावनी देती है।

मन और विचार

मन की मुख्य विशेषता यह है कि यह विचारशून्य नहीं रह सकता। यह निरंतर विभिन्न विचारों में व्यस्त रहता है, जिससे पूर्ण स्थिरता प्राप्त करना कठिन हो जाता है। जब मन विचारों से रहित हो जाता है, तो वह अपने अस्तित्व को उसी रूप में खो देता है जैसा हम उसे जानते हैं। यहां तक कि नींद के दौरान भी मन सक्रिय रहता है और सपने देखता है; केवल गहरी नींद में ही यह विचारशून्य होता है।

जब मन किसी गतिविधि में व्यस्त होता है, तो यह केंद्रित और अनुशासित रहता है। हालांकि, जब यह निष्क्रिय होता है, तो यह अक्सर भटकने लगता है और अनुपयोगी या नकारात्मक विचारों को अपना लेता है। ये बार-बार आने वाले विचार हमारे अवचेतन मन को प्रभावित करते हैं, जिससे हमारे संस्कार, दृष्टिकोण, और अंततः हमारा व्यवहार और चरित्र बनता है।

बुद्धि और विवेक की भूमिका

बुद्धि (विवेक) मन की भावनाओं के लिए एक फिल्टर के रूप में कार्य करती है, जो हमें सकारात्मक प्रवृत्तियों की ओर मार्गदर्शित करती है और हानिकारक इच्छाओं को अस्वीकार करती है। विवेक को सशक्त बनाना हमें इंद्रिय सुखों की क्षणिक इच्छाओं के बजाय लाभकारी आकांक्षाओं को प्राथमिकता देने में मदद करता है।

जब मन इंद्रिय सुखों में लिप्त होता है, तो आसक्ति उत्पन्न होती है, और यदि ये इच्छाएं बाधित होती हैं, तो निराशा या क्रोध जन्म लेता है। क्रोध निर्णय को धुंधला कर देता है, स्मरण शक्ति को बाधित करता है, और बुद्धि को भ्रष्ट कर देता है, जिससे विनाशकारी परिणाम होते हैं। जैसा कि श्रीमद्भगवद्गीता चेतावनी देती है:

"जब बुद्धि भ्रष्ट हो जाती है, तो सब कुछ नष्ट हो जाता है।"

इसलिए

उद्धरेदात्मनात्मानं नात्मानमवसादयेत् |
आत्मैव ह्यात्मनो बन्धुरात्मैव रिपुरात्मनः ||

"मन की शक्ति से अपने आत्मा का उत्थान करो और स्वयं को पतन से बचाओ। मन जीवात्मा का मित्र भी हो सकता है और शत्रु भी।"

मन एक शक्तिशाली उपकरण भी है और संभावित बाधा भी। इसकी अशांति और नकारात्मक विचारों के प्रति प्रवृत्ति को अनुशासन, आत्मविश्लेषण, और सशक्त विवेक के मार्गदर्शन से बदला जा सकता है। उच्चतर आकांक्षाओं के साथ विचारों को संरेखित करके और इंद्रियों की इच्छाओं को संतुलित करके, व्यक्ति मन की शक्ति को व्यक्तिगत विकास और संतोष के लिए उपयोग में ला सकता है।

मन पर विजय प्राप्त करने की यह यात्रा शरीर, मन और आत्मा में सामंजस्य स्थापित करने के लिए अनिवार्य है।

3
मन के शत्रु

मन की शांति और स्थिरता को बाधित करने वाले छह मुख्य शत्रु होते हैं। ये हैं - काम (वासना), क्रोध, लोभ, मोह, मद (अहंकार), और मत्सर्य (ईर्ष्या)। ये शक्तियां मन को दूषित करती हैं, और इन्हें गहराई से समझकर ही हम मानसिक अस्वस्थता से बच सकते हैं।

(1) काम (Lust)

काम की परिभाषा

काम इच्छाओं, लालसाओं और यौन प्रवृत्तियों को सम्मिलित करता है। हमारे प्राचीन ऋषियों ने मनुष्य के जीवन के चार पुरुषार्थ (लक्ष्य) परिभाषित किए: धर्म (सदाचार), अर्थ (धन), काम (इच्छा), और मोक्ष (मुक्ति)। इनमें से, काम को तीसरे पुरुषार्थ के रूप में महत्वपूर्ण स्थान दिया गया है। प्राचीन विद्वानों ने काम को नकारा नहीं, बल्कि इसे धर्म और अर्थ के साथ सामंजस्य में साधने पर बल दिया। जब इच्छाएँ धर्म और सदाचार से अर्जित धन के साथ जुड़ी होती हैं, तो वे संतोष की ओर ले जाती हैं। अन्यथा, अनियंत्रित इच्छाएँ असंतोष और अराजकता पैदा करती हैं।

काम: आवश्यकता और शत्रु दोनों

काम एक आवश्यकता भी है और संभावित शत्रु भी। इसे नज़रअंदाज़ करने से असंतुलन उत्पन्न होता है, लेकिन अति से हानि होती है। दुर्भाग्यवश, हमारे समाज में परिवारों या स्कूलों में यौन शिक्षा की उचित व्यवस्था नहीं होती। इस शिक्षा के अभाव में, कुछ युवा हानिकारक आदतों और अनैतिक कार्यों में फंस जाते हैं।

प्राकृतिक अवस्था में दिशा-निर्देशों का महत्व

यौवनावस्था में उचित दिशा-निर्देशों का पालन करना स्वास्थ्य और शक्ति की रक्षा के लिए आवश्यक है। महर्षि चाणक्य ने उचित रूप से चेतायाः

"अतिरूपेण वै सीता अतिगर्वेण रावण । अतिदानाद् बलिर्वद्धो ह्यति सर्वत्र वर्जयेत् ॥"

"सीता को अपनी सुंदरता के कारण कष्ट सहना पड़ा, रावण को अपने अभिमान के कारण, और बलि अत्यधिक दान के कारण। इसलिए किसी भी चीज़ की अति से बचें।"

काम की अत्यधिक प्रवृत्ति शरीर को कमजोर कर देती है, सहनशक्ति को घटा देती है, और मानसिक ठहराव का कारण बनती है। काम में फंसा हुआ मन दुनिया को एक विकृत दृष्टिकोण से देखता है, जैसे पीलिया रोगी सब कुछ पीला देखता है। काम के वश में व्यक्ति विवेक, साहस, और शर्म खो देता है।

युवाओं के लिए सुझाव

स्वस्थ और अनुशासित जीवन बनाए रखने के लिए, युवाओं को विवाह से पहले यौन विचारों और गतिविधियों से बचना चाहिए। काम पर विजय पाने के लिए नैतिक अनुशासन, मजबूत चरित्र, और सांस्कृतिक व नैतिक मूल्यों का विकास आवश्यक है। बुरी संगत, अश्लील सामग्री और हानिकारक प्रभावों से बचें।

पूर्वी दर्शन का संदेश

"सामंजस्य अमृत है, असामंजस्य विष है।"

ऐसे किसी भी कार्य से बचें, जो संदेह, शर्म, या अपराधबोध उत्पन्न करे। ऐसे विचार स्वाभाविक रूप से आ सकते हैं, लेकिन दृढ़ संकल्प और आत्म-नियंत्रण से इन्हें दूर किया जा सकता है। सकारात्मक गतिविधियों पर ध्यान केंद्रित करें और काम को रचनात्मकता और उद्देश्य में परिवर्तित करें।

काम का मन और शरीर पर प्रभाव

मन पर प्रभाव

काम के प्रभाव में डूबा हुआ व्यक्ति अश्लील विचारों से ग्रस्त हो जाता है, जो मन को दूषित करते हैं। शास्त्र में कहा गया है:

"कामातुराणां न भयम न लज्जा।"

(काम से ग्रस्त व्यक्ति न तो भय अनुभव करता है, न ही लज्जा।)

शारीरिक संबंध जितनी ऊर्जा खर्च नहीं करते, उससे कहीं अधिक ऊर्जा कामुक विचारों में खो जाती है। ऐसे विचार मानसिक और आध्यात्मिक शक्ति को नष्ट कर देते हैं। ये मन को ऊपर उठाने के बजाय उसे नीचे गिराते हैं, जिससे थकावट और निराशा होती है। इसके परिणामस्वरूप तनाव, अनिद्रा, भूख की कमी, और गंभीर मानसिक रोग उत्पन्न हो सकते हैं।

शरीर पर प्रभाव

कई लोग शारीरिक उपचार पर भारी धन खर्च करते हैं, लेकिन मूल समस्या—मानसिक अशुद्धता—को अनदेखा कर देते हैं। पौष्टिक भोजन शरीर को ठीक कर सकता है, लेकिन दूषित विचारों को कौन-सी औषधि ठीक कर सकती है? कोई गोली, कैप्सूल, या इंजेक्शन मन को शुद्ध नहीं कर सकता। इसके लिए आत्म-संयम और अनुशासन ही उपाय हैं।

पवित्र विचारों की आवश्यकता

पूर्वी दर्शन का संदेश है:

"तन्मे मनः शिवसंकल्पमस्तु।"

(मेरा मन शुभ विचारों से भरा रहे; कोई हानिकारक विचार इसमें न प्रवेश करे।)

यौन समस्याओं का समाधान विचारों को नियंत्रित किए बिना और मन को शुद्ध किए बिना संभव नहीं है। यहाँ तक कि प्रसिद्ध यौन विशेषज्ञों से परामर्श भी तब तक मदद नहीं करेगा,

जब तक मूल कारण—मानसिक अशुद्धता—का निवारण नहीं किया जाता।

ब्रह्मचर्य: आत्म-नियंत्रण का मार्ग

ब्रह्मचर्य का अर्थ

युवाओं के लिए विवाह से पहले ब्रह्मचर्य का पालन करना अत्यंत लाभकारी माना गया है। ब्रह्मचर्य का अर्थ योग, आयुर्वेद और प्राकृतिक चिकित्सा के अनुसार दो शब्दों के मेल से है: ब्रह्म (सर्वोच्च आत्मा) और चर्या (आचरण)। इसका तात्पर्य है ऐसा जीवन जीना जो शुद्ध, धर्मयुक्त, और उच्च उद्देश्यों को समर्पित हो।

आधुनिक दृष्टिकोण और ब्रह्मचर्य की प्रासंगिकता

आधुनिक समाज अक्सर ब्रह्मचर्य को पुरानी या रूढ़िवादी सोच मानकर नकार देता है। यह दृष्टिकोण पश्चिमी विचारधाराओं के प्रभाव के कारण हमारी पूर्वी सांस्कृतिक मूल्यों के क्षरण को दर्शाता है। फिर भी, ब्रह्मचर्य के सिद्धांत आज भी शारीरिक और मानसिक स्वास्थ्य बनाए रखने के लिए प्रासंगिक हैं।

***

मनुस्मृति का संदेश

"धृतिः क्षमा दमः अस्तेयम शौचं इन्द्रियनिग्रहः।"

(संयम, क्षमा, चोरी न करना, पवित्रता, और इंद्रियों पर नियंत्रण – ये सभी गुण हैं।)

ब्रह्मचर्य इच्छाओं को दबाने के बारे में नहीं है, बल्कि उन्हें नियंत्रित और नियमित करने के बारे में है। इच्छाओं का दमन निराशा लाता है, जबकि उनका संयम शांति देता है। अच्छे संस्कारों से प्रभावित अवचेतन मन इंद्रियों को स्वाभाविक रूप से नियंत्रित करने में सहायता करता है।

ब्रह्मचर्य का सही अर्थ

ब्रह्मचर्य का तात्पर्य हमेशा के लिए यौन संबंधों से दूर रहना नहीं है। इसका उद्देश्य अनुचित, अप्राकृतिक या हानिकारक यौन विचारों और कार्यों से बचना है। एक विवाहित

व्यक्ति जो संयम और नैतिक आचरण का पालन करता है, वह भी ब्रह्मचर्य का अनुसरण करता है। स्वास्थ्य और प्राकृतिक नियमों के दायरे में यौन क्रियाओं में भाग लेना ब्रह्मचर्य के विरुद्ध नहीं है।

ब्रह्मचर्य के मुख्य पहलू

विवाह के बाहर यौन विचारों और कार्यों से बचना।

अनैतिक संबंधों और अत्यधिक भोग से दूर रहना।

आत्म-संयम का अभ्यास और व्यक्तिगत विकास पर ध्यान केंद्रित करना।

ब्रह्मचर्य का लाभ

सच्चा ब्रह्मचर्य अच्छा आचरण विकसित करता है और शारीरिक, मानसिक, और आध्यात्मिक स्वास्थ्य सुनिश्चित करता है।

अंतरात्मा और धैर्य का महत्व

अंतरात्मा का मार्गदर्शन

काम पर नियंत्रण पाने के लिए विवेक और धैर्य के साथ कार्य करना आवश्यक है। उदाहरण के लिए, जब कोई अपनी बेटी या बहन के साथ बैठा होता है, तो अनुचित विचार नहीं आते क्योंकि अंतरात्मा उन्हें रोकती है। अंतरात्मा मन को धर्मयुक्त कार्यों की ओर प्रेरित करती है और उसे भटकने से रोकती है।

धैर्य: विवेक की शक्ति

धैर्य, विवेक की स्थिरता का आधार है। बिना धैर्य के, विवेक अस्थायी हो जाता है। बचपन से ही अच्छे आदतों का विकास करना चाहिए ताकि वयस्क होने पर इंद्रियों पर नियंत्रण आसान हो। दमन हानिकारक होता है, लेकिन विवेक और धैर्य के मार्गदर्शन में किया गया संयम सामंजस्य सुनिश्चित करता है।

ब्रह्मचर्य आंतरिक शक्ति और स्पष्टता को बढ़ावा देता है, जिससे शरीर, मन, और इंद्रियां

अशुद्धियों से मुक्त होती हैं। सच्चा ब्रह्मचर्य स्वस्थ और पूर्ण जीवन को प्रोत्साहित करता है, जिससे उच्च लक्ष्यों और धर्मयुक्त जीवन पर ध्यान केंद्रित करना संभव हो पाता है।

(2) क्रोध (Anger)

क्रोध का उद्गम

क्रोध तब उत्पन्न होता है जब इच्छाएँ पूरी नहीं होतीं या परिस्थितियाँ हमारी इच्छाओं के विपरीत होती हैं। यह तब प्रकट होता है जब अनचाही घटनाएँ घटित होती हैं या हमारे लक्ष्यों में बाधाएँ आती हैं। क्रोध घृणा, हिंसा, और प्रतिशोध की भावना को जन्म देता है। यह हमारे संबंधों, उदारता, और सामंजस्य की भावना को नुकसान पहुंचाता है।

क्रोध प्रतिष्ठा को धूमिल करता है और लोगों को दूर कर देता है, जिससे हम भावनात्मक और सामाजिक रूप से अलग-थलग पड़ जाते हैं। जब क्रोध हावी होता है, तो शरीर और मन दोनों प्रभावित होते हैं। सिर और शरीर गर्म हो जाते हैं, मन की शांति और सहजता खो जाती है, भूख और नींद खत्म हो जाती है। क्रोध शारीरिक तनाव पैदा करता है, जिससे हाथ और पैर कांपने लगते हैं, जो कमजोरी का संकेत है। यह कमजोरी सीधे क्रोध के प्रभाव से उत्पन्न होती है।

क्रोध का मूल कारण

क्रोध का मूल कारण हिंसा है, चाहे वह बाहरी रूप से प्रकट हो या मानसिक स्थिति के रूप में। जब तक हिंसा का भाव नहीं होता, क्रोध उत्पन्न नहीं हो सकता। प्रतिकूल परिस्थितियों में या जब इच्छाएँ पूरी नहीं होतीं, तब भी क्रोध तभी आएगा जब हिंसा भीतर हो। क्रोध हिंसा से जन्म लेता है और पश्चाताप में समाप्त होता है।

क्रोध और अंतरात्मा स्वाभाविक विरोधी हैं, जैसे अंधकार और प्रकाश। जैसे प्रकाश के आने पर अंधकार नहीं रह सकता, वैसे ही क्रोध और अंतरात्मा एक साथ नहीं रह सकते। जब क्रोध उत्पन्न होता है, तो अंतरात्मा गायब हो जाती है, और क्रोधित व्यक्ति तर्कहीन कार्य करता है, अक्सर पागल व्यक्ति की तरह व्यवहार करता है।

क्रोध के हानिकारक प्रभाव

क्रोध हमारे नैतिक और मानसिक स्थिति को दूषित करता है। समय के साथ, यह स्वास्थ्य को क्षीण कर देता है और हमें मानसिक रोगों के प्रति संवेदनशील बनाता है। लगातार क्रोध शारीरिक रोगों जैसे अम्लता (acidity), अल्सर, और पाचन संबंधी समस्याओं को जन्म देता है। यह भूख और नींद को बाधित करता है, जिससे अनिद्रा, चिंता, और तनाव होता है।

शारीरिक लक्षण जैसे गले, अन्ननली, और पेट में जलन, मतली, और उल्टी शरीर को कमजोर कर देते हैं। क्रोधी व्यक्ति अक्सर सिरदर्द, बेचैनी, और पेशाब व मल त्याग के दौरान जलन का अनुभव करते हैं। क्रोध धैर्य और मानसिक संतुलन को खत्म कर देता है, जिससे मानसिक और शारीरिक स्वास्थ्य में गिरावट आती है।

क्रोध और पछतावा

क्रोध अक्सर पछतावे पर समाप्त होता है, क्योंकि यह व्यक्ति को तर्कहीन कार्य करने के लिए मजबूर करता है। क्रोध से प्रभावित व्यक्ति ऐसे कार्य कर सकता है जो दूसरों और स्वयं को नुकसान पहुंचाते हैं। जब क्रोध शांत हो जाता है, तो पछतावा शुरू होता है, लेकिन तब तक क्षति हो चुकी होती है।

जैसा कि कहा गया है:

"क्रोध पागलपन से शुरू होता है और दुःख पर समाप्त होता है।"

संयम की आवश्यकता

जब मन क्रोध, काम, लोभ, या मोह के प्रभाव में हो, तो उसकी गति को नियंत्रित करना अत्यंत आवश्यक है। मानसिक अशांति पहले विचारों और नैतिकता को दूषित करती है और फिर शारीरिक स्वास्थ्य पर आक्रमण करती है, जिससे कमजोरियां और बीमारियां उत्पन्न होती हैं। मानसिक विकार, जैसे क्रोध, शारीरिक बीमारियों की तुलना में अधिक जटिल होते हैं, क्योंकि ये समय के साथ गहराई से जड़ें जमा लेते हैं।

बचपन में विकसित आदतें और व्यवहार हमारी प्रकृति को आकार देते हैं और बड़े होने पर और भी मजबूत हो जाते हैं। ऐसे गहराई से जमे हुए गुणों को बदलना अत्यंत कठिन होता है। इसलिए, प्रारंभिक जागरूकता और आत्म-अनुशासन आवश्यक हैं।

क्रोध और स्वास्थ्य

क्रोध शरीर में पित्त के संतुलन को बिगाड़ देता है, जिससे अल्सर, अम्लता (acidity), और पाचन समस्याएं जैसी बीमारियां होती हैं। यह मानसिक और शारीरिक असुविधा का कारण बनता है, जैसे मुंह में कड़वाहट, भूख की कमी, और अत्यधिक थकान। ये प्रभाव धैर्य, स्थिरता, और समग्र स्वास्थ्य को कमजोर कर देते हैं।

क्रोध एक ऐसी आग है जो भीतर से जलती है, मन की शांति और शारीरिक ऊर्जा को नष्ट कर देती है। इसके विनाशकारी प्रभाव को पहचानना इसे नियंत्रित करने की दिशा में पहला कदम है।

निष्कर्ष: क्रोध का प्रबंधन

क्रोध पर विजय पाने के लिए जागरूकता और आत्म-नियंत्रण विकसित करना आवश्यक है। ध्यान, सतर्कता, और धैर्य जैसी प्रथाएं हिंसक विचारों को रचनात्मक विचारों से बदलने में मदद करती हैं। संतुलन बनाए रखते हुए और विवेकपूर्ण कार्य करते हुए, हम क्रोध की आवृत्ति और तीव्रता को कम कर सकते हैं, जिससे एक स्वस्थ और शांतिपूर्ण जीवन संभव होता है।

(3) लोभ (Greed)

मनुष्य के लिए वह प्राप्त करने की इच्छा करना स्वाभाविक है जो उसके पास नहीं है। हालांकि, जब यह इच्छा अत्यधिक, अनियंत्रित, अनैतिक, या अवैध हो जाती है, तो यह लोभ में बदल जाती है। सरल शब्दों में, लोभ का अर्थ है आवश्यकता से अधिक पाने की इच्छा, अक्सर अनैतिक साधनों से। लोभ मन को अंधा कर देता है, जैसे काम इंद्रियों को अंधा कर देता है और क्रोध विवेक को धुंधला कर देता है। एक लोभी व्यक्ति नैतिकता का बोध खो देता है और अपनी असंतोषजनक इच्छाओं के कारण अक्सर विनाश की ओर बढ़ता है।

जैसा कि पूर्वी दर्शन में कहा गया है:

"लोभात्क्रोधो प्रभवति लोभात्कामः प्रजायते । लोभान्मोहश्च नाशश्च लोभः पापस्य कारणम् ॥"

"लोभ से क्रोध उत्पन्न होता है, लोभ से काम जन्म लेता है।
लोभ भ्रम और विनाश की ओर ले जाता है। लोभ पाप का कारण है।"

यह स्पष्ट करता है कि क्रोध, काम, और भ्रम अक्सर लोभ से उत्पन्न होते हैं, और अंततः व्यक्ति के पतन का कारण बनते हैं।

लोभ का स्वभाव

लोभ भविष्य की ओर उन्मुख होता है, जो कुछ पाने की आशा से प्रेरित होता है। इसके विपरीत, मोह अतीत की ओर उन्मुख होता है, जो पहले से प्राप्त वस्तु को पकड़कर रखने की इच्छा से उत्पन्न होता है। लोभ और मोह मिलकर एक चक्र बनाते हैं:

लोभ: कुछ प्राप्त करने की लालसा।

मोह: जो पहले से प्राप्त हो चुका है, उसे पकड़े रखने की प्रवृति।

पूर्वी दर्शन यह समझाता है कि लोभ कर्म (इच्छा), क्रोध (गुस्सा), मोह (आसक्ति), और नाश (विनाश) जैसे विनाशकारी तत्वों की जड़ है।

चाणक्य नीति में उचित ही कहा गया है:

"न पश्यति च जन्मान्धः कामान्धो नैव पश्यति । न पश्यति मदोन्मत्तो ह्यर्थी दोषान् न पश्यति॥"

"जो जन्म से अंधा है, वह देख नहीं सकता,
जो कामांध है, वह दृष्टि खो देता है,
जो घमंड से मदमस्त है, वह दोषों की अनदेखी करता है,
और जो लोभ से अंधा है, वह स्वार्थी कार्यों में कोई गलत नहीं देखता।"

लोभ विवेक को धुंधला कर देता है, जिससे व्यक्ति अपने कार्यों के नैतिक परिणामों के प्रति उदासीन हो जाता है।

लोभ: विनाश का मार्ग

श्रीमद्भगवद्गीता (16.21) चेतावनी देती है:

त्रिविधं नरकस्येदं द्वारं नाशनमात्मनः ।
कामः क्रोस्तथा लोभस्तस्मादेतत्त्रयं त्यजेत् ॥

(काम, क्रोध, और लोभ नरक के तीन द्वार हैं, जो आत्मा के विनाश की ओर ले जाते हैं; इसलिए, इन्हें त्याग देना चाहिए।)

लोभ अनैतिक कार्यों को बढ़ावा देता है, जैसे धोखाधड़ी, शोषण, और हिंसा। बच्चों को बहलाकर उनका शोषण करना या दूसरों की पहचान और सम्मान छीन लेना अक्सर लोभ से प्रेरित होता है। लोभी व्यक्ति अंततः अपने कार्यों के परिणामों का सामना करते हैं, जो उन्हें कठिनाई और कष्ट में डाल देते हैं।

लोभ के जाल से बचने के लिए आत्म-जागरूकता और संयम को विकसित करना आवश्यक है। लोभ की विनाशकारी प्रकृति को समझने से हम उसके प्रभाव से मुक्त हो सकते हैं। संतोष और नैतिक आचरण का अभ्यास करके, हम एक संतुलित जीवन जी सकते हैं, जो अधिक पाने की असंतोषजनक इच्छा से मुक्त हो।

यह न केवल हमारे मन की शांति को बनाए रखता है, बल्कि समाज में सामंजस्य को भी प्रोत्साहित करता है।

❧

(4) मोह (Fascination)

मोह, जिसे माया भी कहा जाता है, आसक्ति, भ्रम, और झूठ को समाहित करता है। यह वह नहीं दर्शाता जो वास्तव में है, बल्कि वह जो दिखाई देता है। मोह अज्ञान से उत्पन्न होता है, अभिमान के माध्यम से पनपता है, संकीर्ण सोच से मजबूत होता है, और अहंकार पर आधारित रहता है। इसका अंतिम परिणाम दुख है। हर दुःख और कष्ट का मूल कारण मोह है। एक व्यापक और विवेकपूर्ण दृष्टिकोण मोह को कम कर देता है, क्योंकि ज्ञान इसे नष्ट कर देता है।

मोह के कारण उत्पन्न सबसे बड़ा कष्ट है दुःख। जहां मोह नहीं होता, वहां दुःख नहीं होता। जैसे-जैसे मोह गहराता है, दुःख भी बढ़ता है। एक विवेकशील व्यक्ति मोह के जाल में आसानी से नहीं फंसता, क्योंकि मोह हमारी अज्ञानता और स्वयं द्वारा निर्मित भ्रमों पर निर्भर करता है।

हम सबसे अधिक मोह अपने आप से करते हैं, जो हमारे व्यक्तिगत कष्टों को बढ़ा देता है। उदाहरण के लिए, जब परिवार का कोई सदस्य मरता है, तो हमें गहरा दुःख होता है, लेकिन पड़ोसी या किसी अजनबी की मृत्यु पर वही प्रतिक्रिया नहीं होती। यह भेद हमारे मोह की तीव्रता को दर्शाता है।

"मोह से दुःख उत्पन्न होता है, और दुःख का कारण आसक्ति है।"

आसक्ति हमें स्वार्थ से बांधती है, जिससे हमें पीड़ा और दुःख होता है जब हमारी संपत्ति या प्रियजन खतरे में होते हैं या खो जाते हैं।

विरक्ति के माध्यम से दुःख से मुक्ति

दुःख और कष्ट से मुक्त होने के लिए हमें अपने मोह को कम करने की दिशा में सक्रिय रूप से प्रयास करना चाहिए। इसके लिए निरंतर प्रयास, समर्पण, और धैर्य की आवश्यकता होती है। मोह का अंधकार केवल ज्ञान के प्रकाश से दूर किया जा सकता है, जैसे अंधेरे में रस्सी को सांप समझने का भ्रम, प्रकाश में उसे हानिरहित रस्सी के रूप में प्रकट कर देता है।

पूर्वी दर्शन इस बात पर जोर देता है कि जैसे ही ज्ञान का प्रकाश उदित होता है, भ्रम और भ्रांतियां नष्ट हो जाती हैं। इसी प्रकार, जैसे-जैसे मोह घटता है, उससे जुड़े कष्ट और दुःख भी समाप्त हो जाते हैं।

प्रेम और मोह में अंतर

आधुनिक परिभाषाएं अक्सर प्रेम को मोह के साथ मिलाकर देखती हैं। हालांकि, सच्चा प्रेम और मोह में बड़ा अंतर है:

प्रेम: इसमें निःस्वार्थता, त्याग, और समर्पण होता है।

मोह: इसमें आसक्ति, इच्छा, और स्वार्थ निहित होता है।

जैसा कि श्रीमद्भगवद्गीता चेतावनी देती है:

"इच्छा यदि पूरी न हो, तो क्रोध उत्पन्न होता है, और क्रोध दुःख को गहरा करता है। इस प्रकार, मोह मजबूत होता है और मन को जकड़ लेता है।"

सच्चा प्रेम बिना शर्त और देने वाला होता है, जबकि मोह प्राप्ति और संतुष्टि की कामना करता है। जब इच्छाएं अधूरी रह जाती हैं, तो क्रोध उत्पन्न होता है, जो मोह के कारण हुए दुःख को और गहरा कर देता है।

मां का प्रेम = प्रेम का शुद्धतम रूप

सच्चा प्रेम सबसे स्पष्ट रूप से मां की भक्ति में देखा जा सकता है। एक छह महीने का बच्चा ठंडी सर्द रात में रोता है। मां, अपनी असुविधा के बावजूद, बच्चे को शांत करती है, उसे गर्म रखती है, और अपनी नींद और आराम का त्याग करती है।

मां का प्रेम निःस्वार्थ और बिना शर्त होता है। यहां तक कि जब उसके बच्चे बड़े होकर आधुनिक और भ्रमित विचारों के कारण उसे डांटते हैं, तब भी मां केवल उनके कल्याण की प्रार्थना करती है। वह कहती है:

"हे भगवान, मेरे बच्चे को कभी कष्ट न हो; उसे बुद्धि देना, भले ही मुझे कष्ट सहना पड़े।"

यह निःस्वार्थ प्रेम अतुलनीय है, जो हमें अपने माता-पिता का सम्मान करने और उनके त्याग के लिए कृतज्ञता व्यक्त करने का मूल्य सिखाता है।

वैदिक विचार में माताओं का महत्व

वेदों में मां को सबसे महान गुरु के रूप में सम्मानित किया गया है:

"नास्ति मातृसमो गुरुः"
(मां के समान कोई गुरु नहीं है।)

जन्म से ही मां बच्चे का पोषण करती है। वह अपने रक्त से उसे जीवन देती है, गर्भ में उसकी रक्षा करती है, और उसे इस दुनिया में लाने के लिए अपने जीवन को जोखिम में डालती है। बच्चा अपने पहले शब्द मां से ही सीखता है, और यहां तक कि हमारी मूल भाषा को भी "मातृभाषा" कहा जाता है। हमारी जन्मभूमि को *मातृभूमि* कहा जाता है, जो मां की पोषणकारी और सुरक्षात्मक भूमिका का प्रतीक है।

"जननी जन्मभूमिश्च स्वर्गादपि गरीयसी।"
(मां और मातृभूमि स्वर्ग से भी महान हैं।)

माता-पिता का सम्मान

आज के समय में, कई वृद्ध माता-पिता अपने बच्चों से उपेक्षा और अपमान का सामना कर रहे हैं। यह पारंपरिक मूल्यों के क्षरण का दुखद परिणाम है। त्यागे हुए माता-पिता का दर्द हिरालाल कंडेल के एक गीत में मार्मिक रूप से व्यक्त किया गया है:

"मां-बाप रोते हैं, किस भगवान को पुकारें?
घर के भगवान को छोड़ा, तो भगवान कहां मिलेंगे?
सभी तीर्थ और तप व्यर्थ हैं, अगर मां-बाप रोते हैं।
उन्होंने हमें चलना, खाना, बोलना, और जीना सिखाया।
आज वे अकेले रह गए हैं, उन बच्चों द्वारा भुला दिए गए जिन्हें उन्होंने पाला।"

यह बच्चों के नैतिक कर्तव्य को रेखांकित करता है कि वे अपने माता-पिता का सम्मान करें और उनकी देखभाल करें, उनके असीम ऋण को प्रेम और सेवा से चुकाएं।

स्वार्थ से प्रेरित मोह दुःख और कष्ट का कारण बनता है। इससे छुटकारा पाने के लिए, व्यक्ति को ज्ञान, धैर्य, और आत्म-जागरूकता को विकसित करना चाहिए। नियमित रूप से

वैराग्य का अभ्यास मन में उठने वाले काम, लोभ, और अहंकार की लहरों को कम करने में सहायक होता है। ज्ञान के प्रकाश से भ्रम दूर होते हैं और सत्य स्पष्ट हो जाता है।

सच्चा प्रेम, जो मोह से मुक्त हो, मोह का सर्वोत्तम समाधान है। मां के निःस्वार्थ प्रेम से प्रेरणा लेकर हम करुणा को पोषित कर सकते हैं और एक ऐसा जीवन जी सकते हैं जो दुःख और स्वार्थी इच्छाओं से मुक्त हो।

(5) मद (नशा)

मद, या नशा, उन प्रभावों का वर्णन करता है जो व्यक्ति को अपने वश में कर लेते हैं। नशा कई प्रकार का हो सकता है, जैसे युवा अवस्था का नशा, शक्ति का नशा, सौंदर्य का नशा, धन का नशा, या पद का नशा। हालांकि, यहां हम उन आदतों पर ध्यान केंद्रित करते हैं जो स्वास्थ्य को सीधे नुकसान पहुंचाती हैं, जैसे तंबाकू, खैनी, सिगरेट, गुटखा, भांग, चरस, अफीम, शराब, हेरोइन, स्मैक, और ब्राउन शुगर।

ये पदार्थ अस्थायी सुख देते हैं, लेकिन लंबे समय तक शारीरिक और मानसिक नुकसान छोड़ जाते हैं। ये शरीर को अंदर से खोखला कर देते हैं और गंभीर बीमारियों का कारण बनते हैं। कोई भी व्यक्ति इन पदार्थों का सेवन बिना बाहरी प्रभाव के शुरू नहीं करता। अक्सर बुरी संगति व्यक्ति को नशे की आदत की ओर धकेलती है, जो कई गलत कार्यों की जड़ है।

संगति की भूमिका

जैसा कि प्राचीन ऋषियों ने कहा है:

"जंगल के घने पेड़ों के बीच जानवरों के साथ रहना, बुरे लोगों के साथ महलों में रहने से बेहतर है।"

बुरी संगति अच्छे चरित्र वाले व्यक्ति को भी भ्रष्ट कर देती है। चाहे वह दोस्तों के प्रभाव से हो, खराब वातावरण से, या सांस्कृतिक प्रभावों से, गलत संगति से व्यक्ति हानिकारक आदतों, जैसे नशे, की ओर आकर्षित हो जाता है।

एक अन्य चेतावनी में कहा गया है:

"पैदल चलना बुरे घोड़े की सवारी करने से बेहतर है।
सरल लेकिन ईमानदार जीवनसाथी होना धोखेबाज जीवनसाथी से बेहतर है।
ईमानदारी और संतोष के साथ साधारण जीवन जीना लालच और इच्छा से भरे जीवन से बेहतर है।"

बुरे लोगों की संगति में रहना या नशे का सेवन करना नरक में रहने के समान है। शराब और नशीले पदार्थों से ग्रसित होकर "जीवित लाश" की तरह जीवन जीने से बेहतर है कि व्यक्ति कम उम्र में मर जाए।

नशे के हानिकारक प्रभाव

नशीले पदार्थ, जैसे सिगरेट, शराब, और ड्रग्स, शरीर को व्यवस्थित रूप से नष्ट कर देते हैं।

सिगरेट:

फेफड़ों को नुकसान पहुंचाकर लगातार खांसी और गंभीर सांस की बीमारियों का कारण बनती है।

सिगरेट छोड़ना मुश्किल होता है, भले ही इसके दुष्प्रभाव स्पष्ट हों।

मुंह, गले, और फेफड़ों के कैंसर का खतरा बढ़ाती है।

शराब:

शराब जिगर और हृदय को नुकसान पहुंचाती है, अक्सर जिगर की सिरोसिस का कारण बनती है।

शराबी अस्पतालों के चक्कर लगाते रहते हैं, लेकिन फिर भी इसे छोड़ नहीं पाते।

ड्रग्स:

साझा सुइयों से ड्रग्स लेने वाले घातक बीमारियों, जैसे एड्स, के शिकार हो सकते हैं।

ड्रग्स शरीर और मन को कमजोर करती है, स्वतंत्रता और इच्छाशक्ति को नष्ट कर देती है।

नशा चेतना को धुंधला कर देता है, बुद्धिमत्ता को कम करता है, सतर्कता को नष्ट करता है, और व्यक्ति को पदार्थों का गुलाम बना देता है।

धर्म और दर्शन की चेतावनियां

सभी प्रमुख धर्म और दर्शन नशे के विरुद्ध चेतावनी देते हैं। नशे को चेतना, ऊर्जा, और बुद्धि का विनाशक माना गया है। नशा मन को सुस्त कर देता है, जिससे अज्ञानता और गलत निर्णय लेने की प्रवृत्ति बढ़ती है।

नशा एक ऐसा जाल है जो शारीरिक, मानसिक, और आध्यात्मिक विनाश की ओर ले जाता है। इससे मुक्त होने के लिए बुरी संगति से बचना, अनुशासन विकसित करना, और नशे के खतरों के प्रति जागरूकता बढ़ाना आवश्यक है। सादगी, मेहनत, और ईमानदारी का जीवन, जो नशे और निर्भरता से मुक्त हो, भोग और लिप्तता भरे जीवन से कहीं बेहतर है।

प्राचीन शिक्षाओं के ज्ञान का पालन करके, हम अपने स्वास्थ्य, मन, और आत्मा को संरक्षित कर सकते हैं और एक संतुलित व संतोषपूर्ण जीवन जी सकते हैं।

(6) मात्सर्य (ईर्ष्या)

मात्सर्य, या ईर्ष्या, तब उत्पन्न होती है जब हम दूसरों की सफलता या प्रगति को सहन नहीं कर पाते। इसका मूल एक हीन भावना में होता है, जिसमें हम स्वयं को दूसरों से छोटा या कम सक्षम मानते हैं। यह भावना अक्सर नाराजगी और मनमुटाव को जन्म देती है।

यदि हम दूसरों की उपलब्धियों की सच्चे मन से सराहना कर सकें और अपने हृदय को कड़वाहट से मुक्त रखें, तो ईर्ष्या का बीज अंकुरित नहीं होगा। ईर्ष्या अक्सर किसी की श्रेष्ठता या गर्व को सहन न कर पाने से उत्पन्न होती है। यह उस व्यक्ति के प्रति प्रेम या आत्मीयता की कमी को दर्शाती है और शत्रुता की भावना को बढ़ावा देती है।

जैसा कि कहा गया है:

"ईर्ष्या संकीर्ण सोच से उत्पन्न होती है, उदारता से नहीं;
यह हीनता को दर्शाती है, महानता को नहीं।"

ईर्ष्या के लक्षण

ईर्ष्या छोटे और तुच्छ दृष्टिकोण से उत्पन्न होती है और कोई लाभ नहीं देती। यह न तो खुशी का स्रोत है और न ही विकास का, बल्कि एक भीतर जलने वाली आग है। ईर्ष्या अक्सर छिपे हुए क्रोध के रूप में प्रकट होती है, और ये दोनों भावनाएं एक ही जड़ से उत्पन्न होती हैं: ऐसी परिस्थितियों से असंतोष, जो हमारी इच्छाओं के अनुरूप नहीं होतीं।

एक ईर्ष्यालु व्यक्ति अपनी खुशी में आनंद नहीं पाता, बल्कि दूसरों की खुशी में दुःख का अनुभव करता है। यह मानसिक शांति, प्रेम, और सामंजस्य को बाधित करता है। ईर्ष्या व्यक्ति को अलग-थलग कर देती है और सकारात्मक संबंधों को बढ़ावा देने के बजाय, वह दुःख फैलाने का कारण बनता है।

ईर्ष्या के हानिकारक प्रभाव

ईर्ष्या शारीरिक और मानसिक स्वास्थ्य दोनों पर नकारात्मक प्रभाव डालती है। यह तनाव उत्पन्न करती है और तंत्रिका तंत्र पर लगातार दबाव डालती है, जिससे निम्नलिखित समस्याएं हो सकती हैं:

मानसिक स्वास्थ्य संबंधी समस्याएं: तंत्रिका दुर्बलता, अवसाद, निराशा, और हीन भावना।

शारीरिक स्वास्थ्य समस्याएं: तनाव, अनिद्रा, अपच, गठिया, और उच्च रक्तचाप।

ईर्ष्या एक मौन यातना देने वाली भावना है, जो मानसिक घुटन, कड़वाहट, और निराशा का कारण बनती है। यह मन की शांति और खुशी को समाप्त कर देती है, जिससे व्यक्ति थका हुआ और असंतुष्ट महसूस करता है।

ईर्ष्या की उत्पत्ति

ईर्ष्या अक्सर बचपन में शुरू होती है, जब बच्चे अपने साथियों से अपनी तुलना करते हैं। समय के साथ, यह प्रवृत्ति मजबूत होती जाती है और वयस्कता में गहराई से जड़ें जमा लेती है।

माता-पिता को बच्चों को ईर्ष्या को पहचानने और इसे प्रारंभिक अवस्था में ही हतोत्साहित करने के लिए सक्रिय रूप से सिखाना चाहिए।

यदि इस पर रोक न लगाई जाए, तो ईर्ष्यालु प्रवृत्तियां समय के साथ और अधिक मजबूत हो जाती हैं, जिससे संबंधों और व्यक्तिगत विकास को नुकसान पहुंचता है। चाहे यह पुरुषों में हो या महिलाओं में, ईर्ष्या सभी के लिए समान रूप से विनाशकारी होती है।

ईर्ष्या पर काबू पाना

ईर्ष्या से छुटकारा पाने के लिए खुले विचारों और उदारता को विकसित करना आवश्यक है। यह समझें कि दूसरों की सफलताएं आपके मूल्य को कम नहीं करतीं। दूसरों की उपलब्धियों का जश्न मनाएं और अपने व्यक्तिगत विकास पर ध्यान केंद्रित करें।

भगवद गीता हमें याद दिलाती है:

"संतोषं परमं सुखम्।"
(संतोष सबसे बड़ा सुख है।)

संतोष ईर्ष्या का सबसे बड़ा समाधान है। जो हमारे पास है उसमें संतोष पाकर और अपने स्वयं के विकास पर ध्यान केंद्रित करके, हम ईर्ष्या को कृतज्ञता और आंतरिक शांति से बदल सकते हैं।

ईर्ष्या एक विनाशकारी शक्ति है, जो हमें खुशी, प्रेम, और सामंजस्य से वंचित कर देती है। संतोष को अपनाकर, उदारता को बढ़ावा देकर, और mindfulness (सचेतनता) का अभ्यास करके, हम ईर्ष्या की बेड़ियों से मुक्त हो सकते हैं। एक सुखी और स्वस्थ जीवन के लिए यह आवश्यक है कि हम न केवल अपनी सफलता का, बल्कि दूसरों की उपलब्धियों का भी जश्न मनाएं।

4
दैनिक दिनचर्या

दिनचर्या का अर्थ है दिन भर के कार्यों को व्यवस्थित और निर्धारित करना, समय को उद्देश्यपूर्ण तरीके से विभाजित करना। एक सुव्यवस्थित दिनचर्या जीवन को व्यवस्थित और नियमित बनाती है, जिससे कई लाभ प्राप्त होते हैं। इसका सबसे बड़ा लाभ यह है कि यह हमें समय का मूल्य समझने और उसका सम्मान करने की शिक्षा देती है—जीवन की सबसे अनमोल और अपूरणीय संपत्ति।

समय का महत्व

समय अमूल्य है। यह इतना अनमोल है कि इसका मूल्य निर्धारण कोई नहीं कर सकता। एक बार समय बीत जाने पर, उसे कितना भी धन क्यों न हो, वापस नहीं लाया जा सकता। फिर भी, लोग इस अनमोल संसाधन को गपशप, ताश खेलने, या घंटों तक टेलीविजन देखने जैसे तुच्छ कार्यों में व्यर्थ कर देते हैं। जब उनसे उनके दिन के बारे में पूछा जाता है, तो वे अक्सर लापरवाही से जवाब देते हैं:

"बस समय बिता रहे थे।"

महान संत महाराज भर्तृहरि ने समय की प्रकृति को सुंदरता से समझाया है:

कालो न यातो वयमेव याताः ।

(समय नहीं गुजरता, हम गुजरते हैं। समय स्थिर रहता है, जबकि हमारी आयु कम होती जाती है।)

दिनचर्या का महत्व

भावप्रकाश जैसे शास्त्रों में दिनचर्या का पालन करने के महत्व को रेखांकित किया गया है:

दिनचर्या निशाचर्या ऋतुवर्च्या यथोदिताम्।
आचारानुरुषः स्वस्थः सदा तिष्ठति नान्यथा॥

"दिनचर्या, रात्रिचर्या और ऋतुचर्या का पालन स्वास्थ्य के लिए आवश्यक है। जो इनका पालन करता है, वह सदा स्वस्थ रहता है।"

यह शिक्षा यह स्पष्ट करती है कि अनुशासित दैनिक, रात्रिकालीन, और मौसमी दिनचर्या स्वास्थ्य को बनाए रखती है। इन सिद्धांतों की अनदेखी अक्सर स्वास्थ्य समस्याओं का कारण बनती है।

निष्कर्ष

शाश्वत ज्ञान पर आधारित एक दैनिक दिनचर्या को अपनाकर, हम समय का प्रभावी ढंग से उपयोग कर सकते हैं और एक स्वस्थ, अधिक व्यवस्थित जीवन जी सकते हैं। समय का सम्मान न केवल उत्पादकता बढ़ाता है, बल्कि मानसिक और शारीरिक स्वास्थ्य को भी सुनिश्चित करता है, जिससे हमारा जीवन प्रकृति की लय के साथ संतुलित हो जाता है।

सुबह जल्दी उठना

एक स्वस्थ और समृद्ध जीवन के लिए व्यक्ति को अमृतवेला या ब्रह्ममुहूर्त में सुबह 4 बजे उठना चाहिए। इस समय को "अमृत से भरा प्रभात" कहा जाता है, जब स्वच्छ वायु, शुद्ध जल, ताजी धरती, साफ आकाश, और अंधकार को भेदती हुई सुंदर रोशनी का अनुभव होता है। हमारे प्राचीन ऋषियों ने ब्रह्ममुहूर्त को दिन की शुरुआत के लिए सबसे शुभ समय बताया है:

रात्रेः पश्चिमयामस्य मुहूर्तो यस्तृतीयकः।
स ब्राह्म इति विज्ञेयो विहितः स प्रवोधने॥

(रात का तीसरा भाग, सूर्योदय से ठीक पहले का समय, ब्रह्ममुहूर्त कहलाता है। यह उठने और दिन की शुरुआत करने का सबसे उपयुक्त समय है।)

ब्रह्ममुहूर्त सूर्योदय से लगभग डेढ़ घंटे पहले होता है। इसे अमृतवेला या "अमृत का समय" कहा जाता है, क्योंकि इस अवधि में जागने वाला व्यक्ति स्वास्थ्य, धन, बुद्धि, शक्ति, और तेज प्राप्त करता है।

सुश्रुत संहिता इस समय के महत्व को स्पष्ट करती है:

ब्राह्मे मुहूर्ते बुध्येत स्वास्थ्यार्थाय धर्मायुषः।
तत्र सर्वाघशान्त्यर्थं स्मरेच्छ मधुसूदनम्॥

(स्वास्थ्य की रक्षा और आयु बढ़ाने के लिए व्यक्ति को ब्रह्ममुहूर्त में उठना चाहिए।)

इस समय भगवान मधुसूदन को याद करना और प्रार्थना करना सभी पापों को शुद्ध करता है और दिन को शुभ बनाता है।

प्रकृति का पंचामृत

अमृतवेला के समय प्रकृति के पांच तत्व—स्वच्छ वायु, जल, भूमि, प्रकाश, और आकाश—अपनी सबसे शुद्ध अवस्था में होते हैं। यह पंचामृत शरीर और मन को पुनर्जीवित करता है। जो लोग इस समय की उपेक्षा करते हैं, वे प्रकृति के इन शुद्ध उपहारों का अनुभव करने का अवसर खो देते हैं।

अथर्ववेद सुबह के सूर्य की चिकित्सा शक्ति को रेखांकित करता है:

उद्यानादित्यः रश्मिभिः शीष्णोर्व रोगमनिनीशत् (अथर्ववेद 9/8)

(उगते हुए सूर्य की किरणें कई बीमारियों को दूर करती हैं और स्वास्थ्य लाती हैं।)

सूर्योदय के समय की अल्ट्रावायलेट किरणें आवश्यक विटामिन, जैसे विटामिन D और E, के निर्माण में मदद करती हैं। ये किरणें सांस की दुर्गंध, अपच, गुदा रुकावट, सुस्ती, और कुछ आंखों की बीमारियों जैसी समस्याओं का इलाज करती हैं।

सूर्योदय के समय सोने का हानिकारक प्रभाव

जो लोग सूर्योदय तक सोते रहते हैं, वे प्रकृति के इस समय के लाभों से वंचित हो जाते हैं। उनका मन और इंद्रियां सुस्त हो जाती हैं और वे उस ऊर्जा और जीवंतता को खो देते हैं, जो इस समय प्रकृति प्रदान करती है। *आयुर्वेद* के अनुसार, पशु और पक्षी सुबह की पहली रोशनी के साथ जागते हैं और प्रकृति के अमृत का आनंद लेते हैं, जबकि मनुष्य, जो सबसे बुद्धिमान प्राणी है, अक्सर इसे नजरअंदाज कर देता है।

शास्त्रों में कहा गया है:

कुचैलिनं दन्तमलोपधारिणं बह्वाशिनं निष्ठुरभाषिणं च |
सूर्योदये चारसमीते शयानं विमुञ्चति श्रीर्यदी चक्रपाणिः॥

(जिस व्यक्ति का शरीर गंदा हो, दांत साफ न हों, भोजन लालच से भरा हो, और जो सूर्योदय और सूर्यास्त के समय सोता हो, उससे लक्ष्मी, धन की देवी, दूर हो जाती हैं, और उसे सफलता नहीं मिलती।)

ऐसी आदतें न केवल स्वास्थ्य को नुकसान पहुंचाती हैं, बल्कि संगठित और अनुशासित जीवन से जुड़ी समृद्धि और तेज को भी कम कर देती हैं।

जल्दी उठने के लाभ

ब्रह्ममुहूर्त के समय वायु जीवनदायिनी ऊर्जा से भरी होती है, जो रात के दौरान चंद्रमा द्वारा बरसाए गए अमृत से समृद्ध होती है। इस वायु का सेवन शरीर को मजबूत बनाता है, त्वचा को सुंदर बनाता है, और आयु को बढ़ाता है। *आयुर्वेद* में कहा गया है:

वर्णं कीर्तिं मतिं लक्ष्मीं स्वास्थ्यमायुश्च विन्दति ।
ब्राह्मे मुहूर्ते संजाग्रच्छ्रियं वा पंकजं यथा ॥ (भा. सार)

(ब्रह्ममुहूर्त में जागने से स्वास्थ्य, सौंदर्य, और दीर्घायु प्राप्त होती है।)

अंग्रेजी कहावत है:

"Early to bed and early to rise makes a man healthy, wealthy, and wise,"

सुबह का समय अध्ययन के लिए भी सबसे उत्तम है, क्योंकि इस समय मन विश्राम कर चुका होता है, तीक्ष्ण रहता है, और स्मरण शक्ति अपने चरम पर होती है।

सुबह की दिनचर्या

सुबह जागने के बाद, सबसे पहले बिस्तर पर बैठकर हाथों की हथेलियों को रगड़ना चाहिए। इसके साथ निम्नलिखित श्लोक का उच्चारण किया जाता है:

"कराग्रे वसते लक्ष्मीः, करमध्ये सरस्वती।
करमूले स्थितो ब्रह्मा प्रभाते करदर्शनम्।"

(हथेलियों के अग्रभाग में लक्ष्मी, मध्यभाग में सरस्वती, और मूल भाग में ब्रह्मा का वास होता है। इसलिए सुबह के समय हाथों का दर्शन करना चाहिए।)

यह श्लोक आत्मनिर्भरता पर जोर देता है और हमें याद दिलाता है कि हमारे हाथ हमारे भाग्य के निर्माता हैं। जीवन में सफलता—चाहे वह धर्म, धन, या मोक्ष हो—हमारे हाथों की मेहनत और कर्मठता पर निर्भर करती है।

माता पृथ्वी के प्रति कृतज्ञता

धरती पर कदम रखने से पहले माता पृथ्वी को प्रार्थना अर्पित करनी चाहिए:

पृथ्वीमाता नमस्तुभ्यं पादस्पर्श क्षमस्व मे॥

(हे माता पृथ्वी, जो महासागरों और पर्वतों से आवृत्त हैं, भगवान विष्णु की पत्नी, मैं आपको प्रणाम करता/करती हूं। मुझसे आपके स्पर्श की क्षमा करें।)

यह श्रद्धा का कार्य विनम्रता और पृथ्वी के प्रति सम्मान को जागृत करता है।

सुबह उठने के बाद सबसे पहला कार्य अपनी मां का चेहरा देखना चाहिए, जिन्होंने हमें जीवन दिया। मां का आशीर्वाद अद्वितीय होता है। उनका प्रेम, देखभाल, और त्याग हमें

नकारात्मक विचारों से बचाते हैं और जीवन में सुरक्षा प्रदान करते हैं।

जिनकी माताएं अब इस संसार में नहीं हैं, उन्हें अपने शयनकक्ष की पूर्वी दीवार पर अपनी मां की तस्वीर रखनी चाहिए और दिन की शुरुआत उनके दर्शन से करनी चाहिए। यह सकारात्मकता और शक्ति सुनिश्चित करता है।

मां का स्पर्श स्वास्थ्य और ऊर्जा का आधार है। उनकी मालिश, देखभाल, और प्रेम शारीरिक और भावनात्मक कल्याण के लिए आवश्यक हैं। भले ही वे थकी हुई या अस्वस्थ हों, मां अपने बच्चों की सेवा निःस्वार्थ भाव से करती रहती हैं। यह बंधन मां के प्रेम के महत्व को रेखांकित करता है, जो किसी व्यक्ति के जीवन को आकार देता है।

उषापान (सुबह पानी पीने की विधि)

उषापान, अर्थात् ब्रह्ममुहूर्त में सुबह पानी पीने की प्रथा, एक स्वस्थ जीवनशैली का महत्वपूर्ण अंग है। इसके लिए रात को सोने से पहले डेढ़ लीटर पानी तांबे के पात्र में रखें। यदि संभव हो तो उसमें 5-7 तुलसी के पत्ते डालें और बर्तन को ढक दें। यदि तुलसी उपलब्ध न हो, तो सादा पानी भी पर्याप्त है।

सुबह ब्रह्ममुहूर्त में उठने के बाद, अपनी मां को प्रणाम करने के बाद, शौचालय जाने से पहले इस पानी को पी लें।

आयु के अनुसार पानी पीने की मात्रा

बच्चे (8-12 वर्ष): 1 गिलास

किशोर (12-15 वर्ष): 2 गिलास

युवा (16-30 वर्ष): 3 गिलास

वयस्क (30 वर्ष और अधिक): 4-5 गिलास

इस प्रकार प्रतिदिन पानी पीने से कब्ज से बचाव होता है, प्रतिरक्षा तंत्र मजबूत होता है, और 75% सामान्य बीमारियों का इलाज या रोकथाम होती है। स्वस्थ और बीमार, दोनों प्रकार के व्यक्तियों को इस प्रथा का पालन करना चाहिए।

पानी पीने का सही तरीका

पानी हमेशा बैठकर पीना चाहिए। आदर्श रूप से, इसे काकासन (स्क्वाटिंग मुद्रा) में बैठकर पीना चाहिए। यदि यह संभव न हो, तो किसी भी आरामदायक स्थिति में बैठकर पानी पी सकते हैं। खड़े होकर पानी पीना हानिकारक माना जाता है, क्योंकि यह शरीर के संतुलन को बाधित कर सकता है और पानी के लाभ को कम कर सकता है।

उषापान का शास्त्रीय आधार

उषापान के महत्व को प्राचीन ग्रंथों में रेखांकित किया गया है:

"प्रातःकाले जलपानं रोगजरमपि मुक्तो जीवेद्वत्सरशतं सागरम्।"

(जो व्यक्ति सूर्योदय से पहले 8 अंजलि—लगभग 1.5 लीटर—पानी पीता है, वह रोग और वृद्धावस्था से मुक्त रहता है और 100 वर्षों तक स्वस्थ जीवन जीता है।)

पानी को रखने के लिए तांबे के बर्तन को सबसे अच्छा माना गया है, क्योंकि तांबा रोगाणुरोधी और स्वास्थ्यवर्धक गुणों से भरपूर होता है। यदि तांबे का बर्तन उपलब्ध न हो, तो पानी को मिट्टी के बर्तन में संग्रहित करना दूसरा सबसे अच्छा विकल्प है, क्योंकि यह पानी को स्वाभाविक रूप से ठंडा और शुद्ध करता है।

सूर्योदय के समय उषापान का महत्व

प्राचीन परंपरा के अनुसार, उषापान—सूर्योदय से पहले पानी का सेवन—स्वास्थ्य और दीर्घायु को बढ़ावा देने के लिए अत्यंत महत्वपूर्ण माना गया है। शास्त्रों में कहा गया है:

सवितुः समुदयकाले प्रसूतिः सलिलस्य पिबेदष्टौ।
रोगजरापरी मुक्तो जिबेद्वत्सरशतं सागरम्॥

(जो व्यक्ति सूर्योदय से पहले 8 अंजलि—लगभग 1.5 लीटर—पानी का सेवन करता है, वह रोग और वृद्धावस्था से मुक्त रहता है और 100 वर्षों तक स्वस्थ जीवन जीता है।)

जलपात्रं तु ताम्रस्य तदभावे मृदो हितम् ।

रातभर तांबे के बर्तन में रखा पानी इस प्रथा के लिए सबसे अच्छा माना जाता है, क्योंकि तांबे के प्राकृतिक स्वास्थ्य लाभ, विशेष रूप से इसके रोगाणुरोधी गुण, इसे अत्यधिक उपयोगी बनाते हैं। तांबे का पानी त्रिदोष (वात, पित्त, और कफ) को संतुलित करता है और पाचन में सहायक होता है।

यदि तांबे का बर्तन उपलब्ध न हो, तो मिट्टी के बर्तन का उपयोग एक अच्छा विकल्प है। मिट्टी के बर्तन स्वाभाविक रूप से पानी को शुद्ध और ठंडा करते हैं, जिससे लगभग समान लाभ मिलते हैं।

इस प्रथा को नियमित रूप से अपनाने से जीवन शक्ति और रोग प्रतिरोधक क्षमता बनी रहती है, और यह प्राचीन ग्रंथों द्वारा पुष्टित है।

निष्कर्ष:

उषापान को नियमित रूप से अपनाकर, व्यक्ति लंबे समय तक स्वास्थ्य, ऊर्जा, और प्रतिरोधक क्षमता का आनंद ले सकता है, जैसा कि प्राचीन ज्ञान द्वारा अनुशंसित है।

शौच के बाद की प्रक्रिया

सुबह जागने और पानी पीने के बाद, उचित समय पर शौचालय जाना चाहिए। शौच करते समय, ऊपरी और निचले दांतों को एक साथ दबाए रखना चाहिए। यह दांतों को स्वाभाविक रूप से मजबूत बनाता है। इस प्रक्रिया के दौरान होंठ बंद रखें और बात करने से बचें।

अत्यधिक जोर लगाने से बचें, क्योंकि इससे गुदा रुकावट जैसी दर्दनाक स्थिति हो सकती है, जिसमें बड़ी आंत का बाहर आना (*prolapse*) शामिल है। यह एक गंभीर और कष्टदायक समस्या है। यदि कब्ज की समस्या हो, तो निम्न उपाय अपनाएं:

मामूली कब्ज: सोने से पहले एक गिलास गर्म पानी के साथ एक चम्मच त्रिफला चूर्ण लें।

गंभीर कब्ज: यदि 4-5 दिनों तक मल त्याग न हो, तो एक गिलास गर्म दूध में 20 ग्राम अरंडी का तेल मिलाकर रात को पीएं। यह सुबह मल को सहजता से बाहर निकालने में सहायक होगा।

मल त्याग हमेशा बिना जोर लगाए और सहजता से होना चाहिए, जिससे कोई असुविधा न हो।

शौच के बाद दांतों की सफाई

मल त्याग के बाद दांतों की सफाई आवश्यक है। आजकल आधुनिक टूथब्रश का व्यापक उपयोग होता है, लेकिन आयुर्वेदिक दृष्टिकोण से, एक मुलायम ब्रश और हर्बल मंजन (दंत मंजन) का उपयोग करना अधिक लाभकारी है। यह मंजन आयुर्वेदिक कंपनियों से लिया जा सकता है या घर पर तैयार किया जा सकता है।

हर्बल मंजन (दंत मंजन) तैयार करने की विधि:

- बजरदंती की पत्तियां और शाखाएं लें।
- इन्हें तांबे के बर्तन में चार गुना पानी के साथ उबालें।
- जब पानी एक चौथाई रह जाए, तो इसे छान लें और छाने हुए पानी को और पकाएं जब तक यह गाढ़ा न हो जाए।
- यह गाढ़ा मिश्रण आपका हर्बल मंजन है। इसे एक साफ कंटेनर में सुरक्षित रखें।

उपयोग के लाभ:

- इस मंजन का रोज़ाना उपयोग दांतों को साफ, स्वस्थ, और मजबूत बनाए रखता है।
- यह दंत रोगों और दांतों के गिरने से बचाव करता है।
- *बजरदंती* मुंह के विभिन्न समस्याओं, जैसे दांतों की संवेदनशीलता (*हर्षा*), का भी उपचार है।
- आयुर्वेदिक मंजन का नियमित उपयोग आपके मौखिक स्वास्थ्य को बेहतर बनाए रखने में मदद करता है।

वैकल्पिक दंत मंजन

यदि *बजरदंती* उपलब्ध न हो, तो एक सरल हर्बल विकल्प निम्नलिखित सामग्री से तैयार किया जा सकता है:

कपड़छन सिंधेनुन (सेंधा नमक), हल्दी, शुद्ध सरसों का तेल

पौधों पर आधारित विकल्प:

जो लोग पौधों पर आधारित विकल्प पसंद करते हैं, वे निम्नलिखित का उपयोग कर सकते हैं:

नीम की टहनियां या पाउडर

असुरो, सिमली, सजीवन, या बेलौती (आम) की टहनियां या पाउडर

इन विकल्पों का नियमित उपयोग दांतों और मसूड़ों को स्वस्थ रखने में सहायक होता है। ये प्राकृतिक सामग्री न केवल दांतों की सफाई करती हैं, बल्कि दंत रोगों की रोकथाम में भी मददगार हैं।

✧

दंतमंजन या टूथपेस्ट के उपयोग में सावधानियां

कुछ विशेष परिस्थितियों में नियमित टूथपेस्ट या हर्बल मंजन का उपयोग वर्जित है:

दांतों की सफाई के लिए टूथपेस्ट या मंजन का उपयोग निम्नलिखित स्थितियों में नहीं करना चाहिए।

इन परिस्थितियों में मंजन या टूथपेस्ट का उपयोग न करें:

न खादेद्गलताल्वोष्ठजीह्वादन्तगदेषु तत् ।
मुखस्य पाके शोथे च श्वासकासवमीषु च ॥

गले, तालू, होंठ, जीभ, या दांतों से संबंधित बीमारियों के दौरान।
मुंह का सूखापन, सूजन, बदबू, खांसी, या उल्टी की स्थिति में।

हर्बल स्टिक (काष्ठादि दंतवर्ण) का उपयोग न करें यदि:

दुर्बलोऽजीर्णभुक्तश्च हिक्कामूर्च्छ्रमदान्वित: ।
शिरोरुजार्तस्तृषित: श्रान्त: पानक्लमान्वित: ॥
अर्दित: कर्णशूली च नेत्ररोगी नवज्वरी ।
बर्जयेद्दन्तकाष्ठं त ह्दामययतोऽपि च ॥

कमजोरी या खाए गए भोजन का सही से पाचन न हो।

बेहोशी या नशा हो।

सिरदर्द, अत्यधिक प्यास, थकावट, या अत्यधिक परिश्रम से हुई थकान हो।

कान, आंख, या बुखार से संबंधित बीमारियां हो।

शास्त्रों में स्पष्ट रूप से कहा गया है कि दंत-प्रथाओं का अति उपयोग या अनुचित उपयोग इन स्थितियों को बढ़ा सकता है। इन दिशानिर्देशों का पालन करने से दंत स्वच्छता को सुरक्षित तरीके से बनाए रखा जा सकता है।

स्नान का महत्व

स्नान प्रतिदिन करना चाहिए, और आदर्श रूप से यह सूर्योदय से पहले किया जाना चाहिए। सूर्योदय से पहले स्नान जठराग्नि (पाचन अग्नि) को उत्तेजित करता है, जिससे पाचन तंत्र मजबूत होता है। इसके परिणामस्वरूप भोजन बेहतर तरीके से पचता है, और सप्तधातु (सात आवश्यक ऊतक) जैसे रक्त का उचित निर्माण होता है, जिससे शरीर स्वस्थ रहता है।

आयुर्वेद के *भावप्रकाश* ग्रंथ में स्नान के लाभ इस प्रकार वर्णित हैं:

दीपनं बृष्यमायुष्यं स्नानमोजबलप्रदम् ।
कण्डुमलश्रमस्वेदतन्द्राह्द्दाहपाप्मनुत् ॥
घाहवोश्च सेकैः शीताधैरुप्मान्तयांति पीडितः ।
नरस्य स्नानमात्रस्य दीप्यते तेन पावकः ॥
शीतेन पयसा स्नानं रक्तपित्तप्रशान्तिकृत् ।
तदेवोष्णेन तोयेन बल्यं वातकफापहम् ॥
शिरः स्नानमचक्षुष्यमष्युष्णेनाम्बुना सदा ।
वातश्लेम्प्रकोपे तु हितं तच्च प्रकीर्तितम् ॥ भावप्रकाश ॥

(स्नान जठराग्नि को बढ़ाता है, वीर्य और आयु को बढ़ाता है, ऊर्जा और बल प्रदान करता है। यह खुजली, त्वचा रोग, थकावट, पसीना, प्यास, जलन, और पापों या कष्टों को दूर करता है।)

प्रातःस्नानमलं च पापहरणं दुःस्वप्नविध्वंसनं
शौचस्यायतनं मलापहणं संवर्धनं तेजसाम् ।
रूपद्योतकरं शरीरसुखदं कामाग्निसन्दीपनं
स्त्रीणां मन्मथगाहनं श्रमहरं स्नानं दशैते गणाः ॥

दूसरे शब्दों में, सुबह सूर्योदय से पहले स्नान करने से पापों का नाश होता है, बुरे सपनों का प्रभाव समाप्त होता है, पवित्रता में वृद्धि होती है, शारीरिक और मानसिक शक्ति में बढ़ोतरी होती है, रूप में चमक आती है, शरीर में सुखद अनुभव होता है, काम-वासना जागृत होती है, स्त्रियों में सोने की इच्छा बढ़ती है, और सभी प्रकार की थकान समाप्त हो जाती है। नहाने में ये दस प्रमुख लाभ पाए जाते हैं।

नहाने के बाद बालों में तेल लगाने से बुद्धि में वृद्धि होती है, लेकिन ठंडे बालों में तेल नहीं लगाना चाहिए और न ही कंघी करनी चाहिए। नहाने से पहले मुंह में ठंडा पानी भरें और गालों पर पानी के छींटे मारें। इससे सूक्ष्म नसें अचानक सिकुड़ जाती हैं। ऐसा करने से मानसिक विकार होने की संभावना कम रहती है।

प्रतिदिन स्नान करना न केवल शरीर की सफाई के लिए, बल्कि पाचन तंत्र, त्वचा की स्वच्छता, और संपूर्ण स्वास्थ्य को बनाए रखने के लिए भी आवश्यक है। यह शारीरिक और मानसिक शांति को बढ़ावा देता है।

स्नान के लाभ

पाचन में सुधारः ठंडे पानी से स्नान शरीर की आंतरिक गर्मी को बनाए रखता है, जिससे जठराग्नि (गैस्ट्रिक फायर) सक्रिय होती है और पाचन में सहायता मिलती है।

शरीर के तत्वों का संतुलनः ठंडा पानी रक्त और पित्त (पित्त दोष) को शांत करता है, जबकि गर्म पानी वात (वायु) और कफ (बलगम संबंधी विकार) को कम करता है।

शक्ति की सुरक्षाः स्नान शरीर को शुद्ध करता है, बुद्धि को तीक्ष्ण बनाता है, और ताकत और स्फूर्ति को बनाए रखता है।

बीमारियों का नाशः नियमित स्नान अशुद्धियों को हटाता है, त्वचा को साफ करता है, और खुजली, अत्यधिक पसीना, और त्वचा रोगों जैसे विकारों को रोकता है।

सावधानीः

गर्म पानी का अत्यधिक उपयोग विशेष रूप से सिर पर नुकसानदायक हो सकता है। यह मस्तिष्क और आंखों को प्रभावित करता है, जिससे दृष्टि कम हो सकती है और नसें कमजोर हो सकती हैं। जैसा कि *सुश्रुत संहिता* में कहा गया हैः

उष्णेन शिरासः स्नानं अहितं चक्षुषः सदा । (सुश्रुत)

(गर्म पानी सिर पर डालने से हमेशा आंखों को नुकसान पहुंचता है और दृष्टि कम होती है।)

स्नान की विधि

पैरों से शुरुआत करें:

हमेशा स्नान की शुरुआत पैरों को गीला करने से करें और धीरे-धीरे ऊपर की ओर बढ़ें। सीधे सिर पर पानी डालने से बचें, क्योंकि यह मस्तिष्क की सूक्ष्म नसों को संकुचित कर सकता है, जिससे मस्तिष्क संबंधी विकार हो सकते हैं।

मुंह और आंखों के लिए ठंडा पानी:

स्नान से पहले, मुंह में ठंडा पानी भरें और गालों और आंखों पर ठंडे पानी के छींटे डालें। यह इंद्रियों को ताजा और सक्रिय करता है।

सिर पर गर्म पानी से बचें:

गर्म पानी सिर और आंखों के लिए हानिकारक होता है। यह नसों और दृष्टि को नुकसान पहुंचा सकता है।

यह विधि स्नान को स्वास्थ्यवर्धक और सुरक्षित बनाती है।

स्नान के विशेष उपाय

आंवले का पानी:

य: सदा आमलकै: स्नानं करोति स विनिश्चितम्
बलिपलितनिर्मुक्तो जीवेद्वर्षशतं नर: ॥

आंवले (Indian gooseberry) को पानी में मिलाकर स्नान करने से त्वचा शुद्ध होती है और आयु में वृद्धि होती है।

(आंवले से युक्त पानी के स्नान से स्वास्थ्य और दीर्घायु सुनिश्चित होती है।)

बालों में कंघी करें:

स्नान के बाद बालों में कंघी करना रक्त संचार को सुधारता है और बुद्धि को तेज करता है। हालांकि, ठंडे और गीले बालों में तेल लगाने या कंघी करने से बचें।

इन उपायों का नियमित पालन शरीर और मन को स्वस्थ रखने में सहायक होता है।

स्नान करते समय सावधानियां

कुछ विशेष परिस्थितियों में स्नान से बचना चाहिए, ताकि शरीर पर कोई प्रतिकूल प्रभाव न पड़े।

1. स्नान निषेध करने वाली स्थितियां:

स्वास्थ्य संबंधी समस्याएं:

बुखार, दस्त, आंखों या कान के संक्रमण, गठिया का दर्द, और सांस संबंधी समस्याओं के दौरान स्नान न करें।

भोजन के तुरंत बादः

भोजन के तुरंत बाद स्नान करने से पाचन क्रिया बाधित हो सकती है।

2. गर्म पानी के उपयोग के निर्देशः

लाभदायकः

गर्म पानी का स्नान वात और कफ दोष से संबंधित समस्याओं (वायु और बलगम विकारों) के लिए लाभकारी है।

हानिकारकः

पित्त दोष (गर्मी से संबंधित समस्याओं) वाले व्यक्तियों को गर्म पानी से स्नान से बचना चाहिए, क्योंकि यह लक्षणों को बढ़ा सकता है।

3. समयः

थकावट और निर्जलीकरणः

अत्यधिक थकावट या शरीर में पानी की कमी (डिहाइड्रेशन) की स्थिति में स्नान न करें, क्योंकि यह कमजोरी को बढ़ा सकता है।

निष्कर्षः

इन आयुर्वेदिक सिद्धांतों का पालन करके, व्यक्ति स्नान के समग्र लाभों का अनुभव कर सकता है और शारीरिक व मानसिक स्वास्थ्य सुनिश्चित कर सकता है।

5

आसन, प्राणायाम

शरीर को मजबूत, सुंदर, शक्तिशाली, तेजस्वी, ऊर्जावान और स्वस्थ बनाने के लिए प्रतिदिन अपनी आयु, बल, देश, आयु और शक्ति के अनुसार योगासन, प्राणायाम, मुद्रा और ध्यान करना चाहिए। इस पुस्तक का उद्देश्य सभी आसन, प्राणायाम, मुद्रा और ध्यान की व्याख्या करना नहीं है। मैंने केवल कुछ आसन, प्राणायाम, त्राटक, हस्तमुद्रा और ध्यान प्रस्तुत किए हैं जो स्वस्थ जीवन के लिए आवश्यक हैं।

1 - शक्तिसंचालन

शक्तिसंचालन - 1

आसन में सीधे खड़े होकर धीरे-धीरे पैरों को हिलाते हुए एड़ियाँ नितंबों के पीछे (पहिए पर) स्पर्श करें। स्पीड बढ़ाकर 2 मिनट तक करें और फिर स्पीड कम करके सीधे हो जाएं। सांस - आँख की गति से। समय - 2 मिनट।

शक्तिसंचालन - 2

सीधे खड़े हो जाएं। धीरे-धीरे अपने पैरों को हिलाते हुए घुटने को ऊपर उठाएं और छाती से छूएं। प्रारंभ में धीरे-धीरे गति बढ़ाएं और 1 मिनट तक अभ्यास करें। फिर धीरे-धीरे गति कम करें और सीधी स्थिति में लौट आएं। 2 मिनट। सामान्य रखें। यह अभ्यास शरीर को लचीला बनाने और ऊर्जा प्रवाह को सक्रिय करने में सहायक है।

शक्ति संचालन-3

सीधे खड़े हो जाएं। दाहिने हाथ को आगे और दाहिने पैर को पीछे की ओर बढ़ाएं। साथ ही, बायां पैर आगे की ओर बढ़ाएं। स्थिर खड़े रहते हुए दौड़ने की मुद्रा में हाथ और पैरों को बारी-बारी से चलाएं। 2 मिनट। सामान्य सांस लेने की प्रक्रिया बनाए रखें।

शक्ति संचालन-4

सीधे खड़े हो जाओ। कुछ फीट उछलने के बाद, दोनों हाथों को दाएं और बाएं सीधा करें। फिर से कूदें और पहली स्थिति में आ जाएं। फिर से कूदें और अपने पैरों को फैलाएं और अपने हाथों को सिर के ऊपर दाएं से बाएं जोड़ लें। पिछली स्थिति में लौटें और इसे गति दें। समय - 2 मिनट। श्वास - सामान्य।

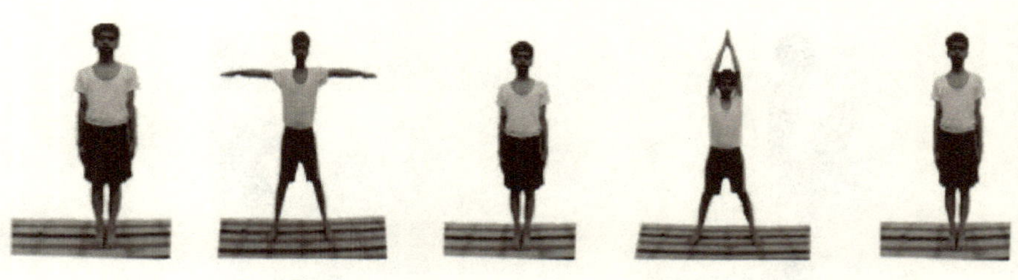

शक्ति संचालन-5

पैरों को मिलाकर सीधे खड़े हो जाएं। हल्के से कूदें और निचले शरीर को एक दिशा में घुमाएं, जबकि सिर सीधा रखें। घुमाने की क्रिया को जारी रखें, दिशाओं को बारी-बारी से बदलते हुए। 2 मिनट। सामान्य सांस लेने की प्रक्रिया बनाए रखें।

शक्ति संचालन-6

पैरों को थोड़ा अलग रखते हुए सीधे खड़े हो जाएं। हाथों को अपने सामने आरामदायक स्थिति में जोड़ लें। आंखें धीरे से बंद करें और पूरे शरीर को शांत रखें। 2 मिनट। धीरे और स्थिर सांस लें।

शक्ति संचालन का महत्व एवं लाभ:

ये *शक्ति संचालन* अभ्यास शरीर में ऊर्जा को सक्रिय करते हैं, समन्वय (coordination) में सुधार करते हैं, और समग्र फिटनेस को बढ़ाते हैं। नियमित अभ्यास एक मजबूत और जीवंत शरीर सुनिश्चित करता है, जो आगे के योग और ध्यान अभ्यास के लिए आधार तैयार करता है।

पूरी रात की नींद के बाद, शरीर की नसें, मांसपेशियां, ग्रंथियां और धमनियां आराम की स्थिति में होती हैं और उनकी सक्रियता कम होती है। रक्त संचार धीमा होता है, और शरीर पूरी गतिविधियों के लिए तैयार नहीं होता। ऐसी स्थिति में, योगासन या अन्य शारीरिक अभ्यासों से पहले शरीर की ऊर्जा को सक्रिय करना आवश्यक है।

- **ऊर्जा का संचार:** शक्ति संचालन शरीर में ऊर्जा को उत्तेजित करता है, जिससे शरीर सक्रिय और तैयार हो जाता है।
- **रक्त प्रवाह में सुधार:** यह रक्त संचार को तेज करता है और शरीर के अंगों को जागृत करता है।
- **शारीरिक तैयारी:** शक्ति संचालन अभ्यास शरीर को योगासन या अन्य शारीरिक गतिविधियों के लिए तैयार करता है।
- **नसों और मांसपेशियों को सक्रिय करना:** यह नसों और मांसपेशियों को सक्रिय करता है, जिससे थकावट कम होती है और लचीलेपन में सुधार होता है।

नियमित शक्ति संचालन का अभ्यास शरीर को स्वस्थ, मजबूत और ऊर्जावान बनाए रखता है, जिससे दिन भर की गतिविधियों और ध्यान के लिए एक सशक्त आधार तैयार होता है।

***

2 - सुख्ष्मासन

1. पहला अभ्यास

दोनों पैरों को आगे की ओर फैलाकर बैठें। शरीर को सहारा देने के लिए हथेलियों को शरीर के पीछे थोड़ा पीछे रखें। पैरों की उंगलियों को आगे-पीछे हिलाएं। यह क्रिया 5 बार दोहराएं।

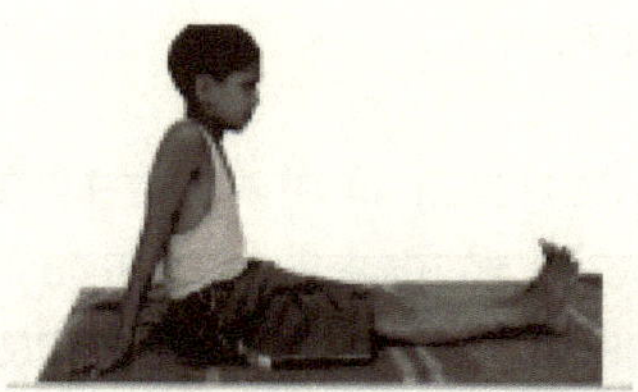

लाभ: पैरों और टखनों के लचीलेपन में सुधार करता है। रक्त संचार को बढ़ाता है। पैरों की मांसपेशियों को आराम देता है।

2. दूसरा अभ्यास

पहले अभ्यास की स्थिति में ही बने रहें (दोनों पैरों को आगे फैलाकर बैठें, और हथेलियां शरीर के पीछे सहारे के लिए रखें)। पैरों को आगे की ओर मोड़ें ताकि उंगलियां जमीन को छू सकें। फिर पैरों को घुटनों की ओर जितना संभव हो, ऊपर की ओर मोड़ें। यह प्रक्रिया दोनों दिशाओं में 5 बार दोहराएं।

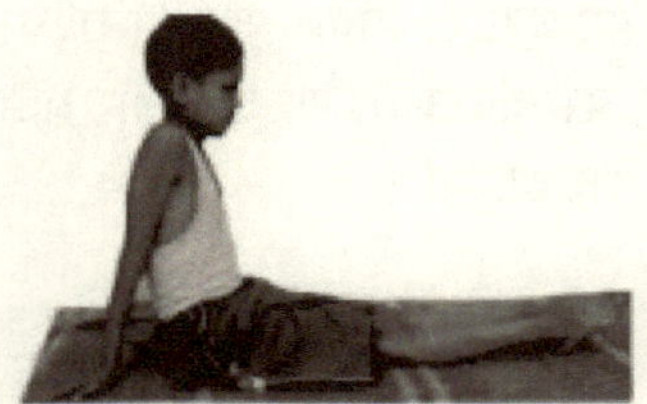 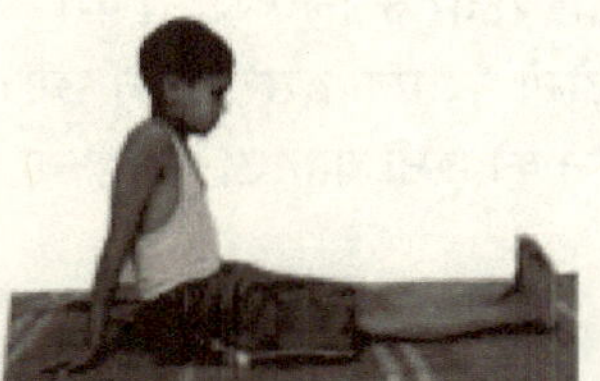

लाभ: टखनों और पैरों के जोड़ों को मजबूत और लचीला बनाता है। रक्त प्रवाह को बढ़ाता है। पैरों की थकान को कम करता है और मांसपेशियों को आराम देता है।

3. तीसरा अभ्यास

पहले अभ्यास की स्थिति में ही बने रहें (दोनों पैरों को आगे फैलाकर बैठें, और हथेलियां शरीर के पीछे सहारे के लिए रखें)। पैरों को घुमाकर गोल घेरा बनाएं। इस दौरान एड़ियां जमीन पर टिकाए रखें और उंगलियां घूमते समय जमीन को छुएं। पहले दाईं ओर 5 बार और फिर बाईं ओर 5 बार यह क्रिया दोहराएं।

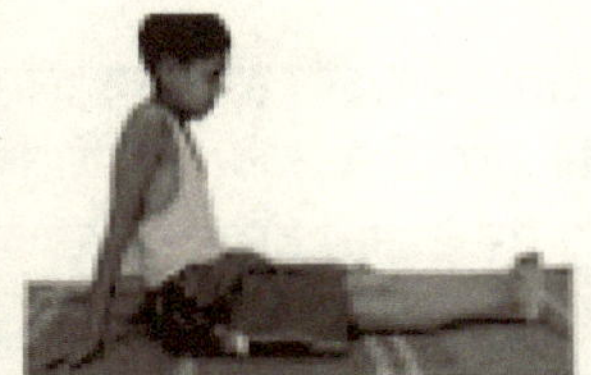 

लाभ: टखनों और पैरों के जोड़ों को मजबूत करता है। लचीलापन और संतुलन में सुधार करता है। मांसपेशियों में तनाव को कम करता है और रक्त संचार को बढ़ावा देता है।

4. चौथा अभ्यास

पहले अभ्यास की स्थिति में ही बने रहें (दोनों पैरों को आगे फैलाकर बैठें, और हथेलियां शरीर के पीछे सहारे के लिए रखें)। पैरों को गोल घेरा बनाते हुए घुमाएं, लेकिन यह सुनिश्चित करें कि दोनों पैर एक-दूसरे को न छुएं। घुमाव के दौरान, पैरों की उंगलियां दाईं और बाईं ओर जमीन को छूनी चाहिए। यह क्रिया प्रत्येक दिशा में 5 बार दोहराएं।

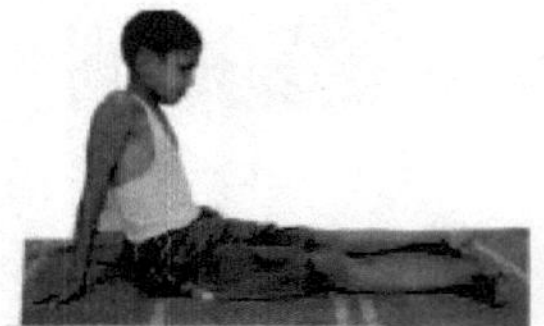 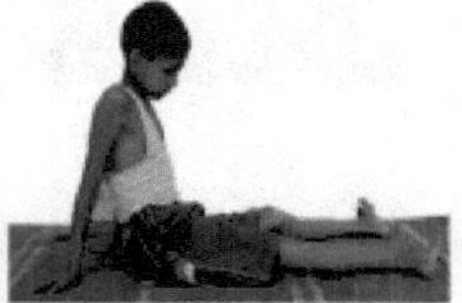

लाभ: टखनों और पैरों के लचीलेपन को बढ़ाता है। संतुलन और समन्वय (coordination) में सुधार करता है। मांसपेशियों को आराम प्रदान करता है और रक्त प्रवाह को सुगम बनाता है।

5. पांचवां अभ्यास

पहले अभ्यास की स्थिति में ही बने रहें (दोनों पैरों को आगे फैलाकर बैठें, और हथेलियां शरीर के पीछे सहारे के लिए रखें)। दाहिने पैर को मोड़कर ऊपर की ओर खींचें ताकि एड़ी नितंब (hip) के पास आ जाए। फिर पैर को सीधा करें और इसे बाएं पैर के साथ दोहराएं। प्रत्येक पैर के लिए यह प्रक्रिया 3 बार करें।

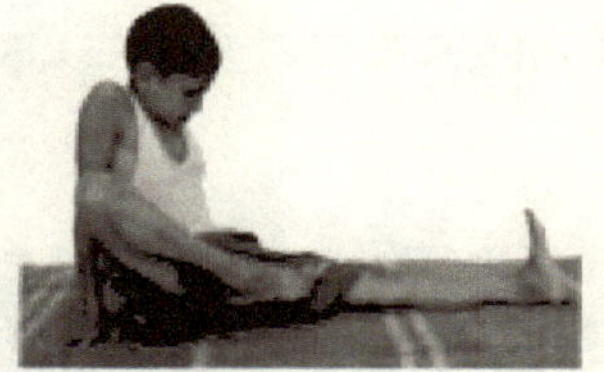 

लाभः घुटनों और टखनों को लचीला और मजबूत बनाता है। मांसपेशियों को सक्रिय करता है और जोड़ों की गतिशीलता में सुधार करता है। पैरों में रक्त संचार को बढ़ावा देता है।

6. छठा अभ्यास

पहले अभ्यास की स्थिति में रहें (दोनों पैरों को आगे फैलाकर बैठें)। दाहिने पैर को मोड़कर बाएं घुटने पर रखें। दाहिने हाथ से घुटने को पकड़ें और बाएं हाथ से पैर की उंगलियों को पकड़ें। पैर को गोल घुमाव में 5 बार दाईं दिशा में और 5 बार बाईं दिशा में घुमाएं। घुटने को जमीन की ओर दबाएं और फिर इसे छाती की ओर उठाएं। यह प्रक्रिया 2 बार करें। इसी प्रक्रिया को बाएं पैर के साथ दोहराएं।

  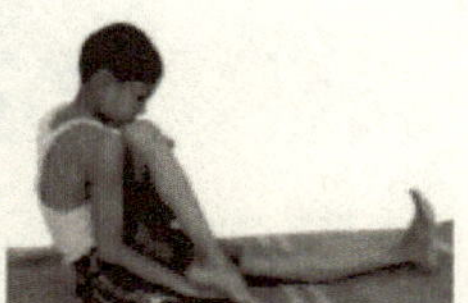

लाभः घुटनों और टखनों की लचक और मजबूती को बढ़ाता है। जांघों और कूल्हों के जोड़ों को सक्रिय करता है। मांसपेशियों को आराम प्रदान करता है और रक्त प्रवाह में सुधार करता है।

7. सातवां अभ्यास

बैठी हुई स्थिति में बने रहें। घुटनों को थोड़ा मोड़ें और दोनों हाथों से पैरों की उंगलियों को

छुएं। सिर को घुटनों से छूने के लिए झुकाएं। फिर पीछे की ओर जितना संभव हो, खिंचाव करें और हाथों व माथे को जमीन पर टिकाएं। इस प्रक्रिया को प्रत्येक दिशा में 3 बार दोहराएं।

लाभ: रीढ़ की हड्डी में लचीलापन और शक्ति को बढ़ाता है। पीठ, कूल्हों, और घुटनों को सक्रिय करता है। शरीर के रक्त प्रवाह को बेहतर बनाता है और मांसपेशियों को आराम देता है।

8. आठवां अभ्यास

पैरों को अलग करके बैठें। दाहिने हाथ से बाएं पैर की उंगलियों को छुएं और सिर को बाएं घुटने से लगाएं। बायां हाथ पीठ के पीछे रखें। इसे तेजी से बदलते हुए दूसरी तरफ दोहराएं। इस प्रक्रिया को प्रत्येक दिशा में 10 बार करें।

लाभ: रीढ़ की हड्डी और कमर को लचीला बनाता है। कंधों, पीठ, और कूल्हों की मांसपेशियों को सक्रिय करता है। समन्वय (coordination) और लचीलेपन को सुधारता है।

9. नौवां अभ्यास

आठवें अभ्यास की स्थिति में बने रहें (पैरों को अलग करके बैठें)। दाहिने हाथ से बाएं पैर की उंगलियों को छुएं। बायां हाथ पीठ के पीछे सीधा फैलाएं और उसी हाथ की ओर देखें। इसे तेजी से बदलते हुए दूसरी दिशा में दोहराएं। प्रत्येक दिशा में यह क्रिया 10 बार दोहराएं।

लाभ: रीढ़ की हड्डी और कंधों में लचीलापन और मजबूती लाता है। गर्दन और आंखों के समन्वय (coordination) में सुधार करता है। पूरे शरीर की गतिशीलता और संतुलन को बेहतर बनाता है।

10. दसवां अभ्यास

पैरों को जितना संभव हो उतना फैलाएं। दोनों हाथों से पैरों की बड़ी उंगलियों को पकड़ें। छाती को झुकाकर जमीन को छूने की कोशिश करें। इस अभ्यास को एक बार करें।

लाभ: पैरों और कमर की मांसपेशियों में खिंचाव और लचीलापन बढ़ाता है। रीढ़ की हड्डी को मजबूत करता है और रक्त संचार में सुधार करता है। शरीर की लचीलेपन और संतुलन को बेहतर बनाता है।

11. ग्यारहवां अभ्यास

दोनों पैरों को मोड़ें और पैरों के तलवों को एक-दूसरे से सटाएं। दोनों हाथों से पैरों की उंगलियों को पकड़ें। घुटनों को तेजी से ऊपर-नीचे करें, इस प्रकार कि वे जमीन को छूएं। यह प्रक्रिया 10 बार करें। फिर हाथों को पीछे जमीन पर रखें और धीरे-धीरे दोनों घुटनों को उठाकर उन्हें एक साथ मिलाएं। इस पूरी प्रक्रिया को 3 बार दोहराएं।

लाभ: कूल्हों और जांघों की मांसपेशियों को मजबूत और लचीला बनाता है। घुटनों और कूल्हों के जोड़ों की गतिशीलता को बढ़ावा देता है। रक्त प्रवाह में सुधार करता है और मांसपेशियों को सक्रिय करता है।

12. बारहवां अभ्यास

क्रॉस लेग (पद्मासन) में बैठें और दोनों हाथों से पैरों की बड़ी उंगलियों को पकड़ें। पैरों को दाईं और बाईं ओर जितना संभव हो, बाहर की ओर खींचें। यह सुनिश्चित करें कि पैर सीधा रहें। इस अभ्यास को एक बार करें।

लाभ: पैरों और कूल्हों की मांसपेशियों को लचीला और मजबूत बनाता है। कमर और जांघों में खिंचाव लाता है। रक्त प्रवाह को सुधारता है और शरीर की गतिशीलता को बढ़ावा देता है।

13. तेरहवां अभ्यास

जमीन पर घुटनों और पंजों को एक साथ सटाकर घुटनों के बल बैठें। दोनों हाथों को घुटनों पर रखें। आगे की ओर झुकें और दाहिने घुटने को दाहिनी छाती से लगाएं। सिर को बाईं ओर घुमाएं। धीरे-धीरे सामान्य स्थिति में लौट आएं। अब इसी प्रक्रिया को बाईं ओर दोहराएं। प्रत्येक दिशा में इस अभ्यास को 3 बार करें।

लाभ: रीढ़ की हड्डी और कमर की लचीलापन बढ़ाता है। छाती, गर्दन और कंधों की मांसपेशियों को सक्रिय करता है। शरीर की समग्र संतुलन और समन्वय को सुधारता है।

14. चौदहवां अभ्यास

पद्मासन (Padmasana) में बैठें। रीढ़, गर्दन, और सिर को सीधा रखें। दोनों हाथों को आगे

की ओर सीधा फैलाएं, जमीन के समानांतर। रीढ़ की हड्डी को सीधा और मजबूत करता है। कंधों और बाहों की मांसपेशियों को सक्रिय करता है। रीर की स्थिरता और ध्यान केंद्रित करने की क्षमता को बढ़ावा देता है।

15. पंद्रहवां अभ्यास

चौदहवें अभ्यास की स्थिति में ही रहें (पद्मासन में बैठें, रीढ़, गर्दन और सिर सीधा, और हाथ जमीन के समानांतर फैलाएं)। मुठ्ठियों को खोलें। लाई से हाथों को नीचे की ओर घुमाएं। यह प्रक्रिया प्रत्येक दिशा में 5 बार करें।

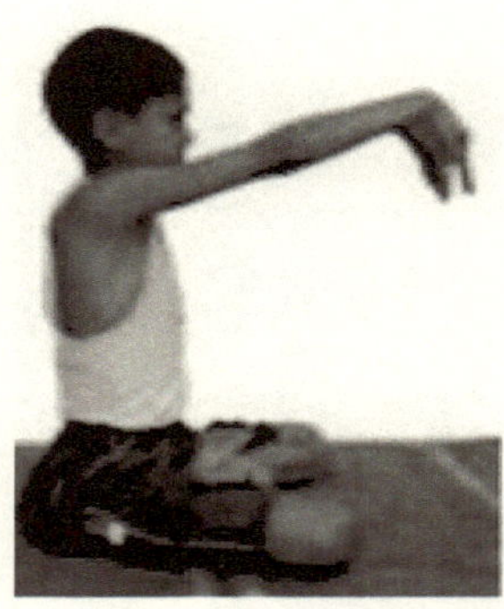

लाभ: कलाई और हाथों की मांसपेशियों में लचीलापन और शक्ति लाता है। कंधों और बाहों में रक्त प्रवाह को सुधारता है। थों की गति और संतुलन को बेहतर बनाता है।

16. सोलहवां अभ्यास

पंद्रहवें अभ्यास की स्थिति में ही रहें (पद्मासन में बैठें, रीढ़, गर्दन और सिर सीधा, और हाथ जमीन के समानांतर फैलाएं)। मुठ्ठियां बनाएं। कलाई से हाथों को ऊपर की ओर घुमाएं। यह प्रक्रिया प्रत्येक दिशा में 5 बार करें।

लाभ: लाई और हाथों की मांसपेशियों को मजबूत और लचीला बनाता है। कंधों और बाहों में रक्त प्रवाह को बढ़ावा देता है। हाथों की गति और नियंत्रण में सुधार करता है।

17. सोलहवां अभ्यास

पद्मासन में बैठें और रीढ़, गर्दन और सिर को सीधा रखें। दाहिनी कोहनी को बाएं हाथ की हथेली में रखें। हिने हाथ को 5 बार गोल घुमाएं। अब बाईं कोहनी को दाहिने हाथ की हथेली में रखें। बाएं हाथ को 5 बार गोल घुमाएं।

लाभ: कंधों और बाजुओं की मांसपेशियों को लचीला और मजबूत बनाता है। कंधों और हाथों में रक्त प्रवाह को सुधारता है। जोड़ों की गतिशीलता और समन्वय को बढ़ावा देता है।

18. अठारहवां अभ्यास

चौदहवें अभ्यास की स्थिति में रहें (पद्मासन में बैठें, रीढ़, गर्दन, और सिर को सीधा रखें)। दोनों हाथों को मोड़ें और उंगलियों से कंधों को छुएं। हाथों को सीधा करें और उन्हें आगे की ओर फैलाएं। उंगलियों से जमीन को छुएं। इस प्रक्रिया को 5 बार दोहराएं।

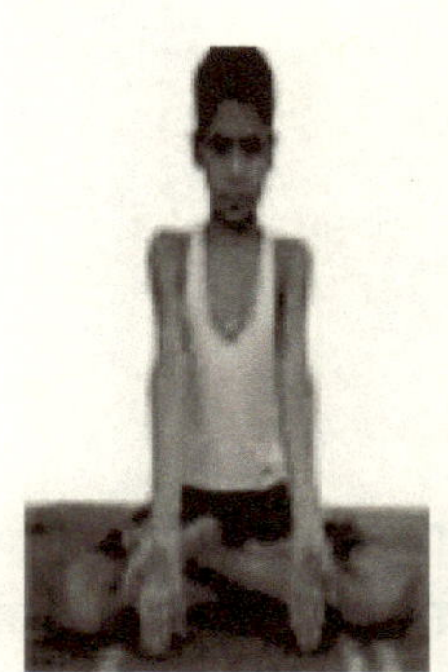

लाभ: कंधों, बाजुओं और पीठ की मांसपेशियों को मजबूत और लचीला बनाता है। रक्त प्रवाह को बेहतर करता है और जोड़ों की गतिशीलता बढ़ाता है। शरीर के ऊपरी हिस्से की ताकत और समन्वय में सुधार करता है।

19. उन्नीसवां अभ्यास

चौदहवें अभ्यास की स्थिति में रहें (पद्मासन में बैठें, रीढ़, गर्दन, और सिर को सीधा रखें)। दोनों हथेलियों को छाती के सामने जोड़ें। दोनों हाथों को दाईं ओर पीछे की ओर ले जाएं, इस प्रकार कि हाथों की पिछली सतह एक-दूसरे को छूने की कोशिश करें। हाथों को फिर से सामने लाकर हथेलियों को जोड़ें। इसी प्रक्रिया को बाईं ओर दोहराएं। इस गति को तेज करते हुए प्रत्येक दिशा में 5 बार करें।

 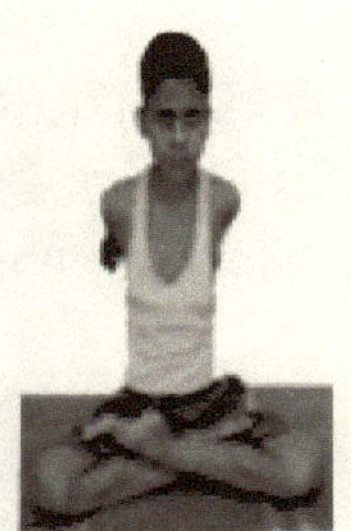

लाभ: कंधों और हाथों में लचीलापन और ताकत बढ़ाता है। छाती और रीढ़ की गतिशीलता में सुधार करता है। समन्वय और ऊपरी शरीर के संतुलन को बेहतर बनाता है।

20. बीसवां अभ्यास

चौदहवें अभ्यास की स्थिति में रहें (पद्मासन में बैठें, रीढ़, गर्दन और सिर को सीधा रखें)। दोनों हाथों को मोड़कर उंगलियों से कंधों को छुएं। दोनों हाथों को सिर के ऊपर सीधा करें, हथेलियों को फैलाएं। फिर उंगलियों को जमीन तक ले जाकर उसे छुएं। इस प्रक्रिया को 5 बार दोहराएं।

लाभ: कंधों, बाजुओं और रीढ़ की लचीलापन और शक्ति को बढ़ाता है। रक्त प्रवाह को बेहतर करता है और शरीर के ऊपरी हिस्से की मांसपेशियों को सक्रिय करता है। समन्वय और शरीर की गति में सुधार करता है।

21. इकसवां अभ्यास

पद्मासन में बैठें, रीढ़, गर्दन और सिर को सीधा रखें। दोनों हाथों की उंगलियों को कंधों पर रखें। कोहनियों को पीछे की ओर मोड़ें और गोलाकार गति में घुमाएं। कोहनियों को 10 बार आगे की दिशा में और 10 बार विपरीत दिशा में घुमाएं।

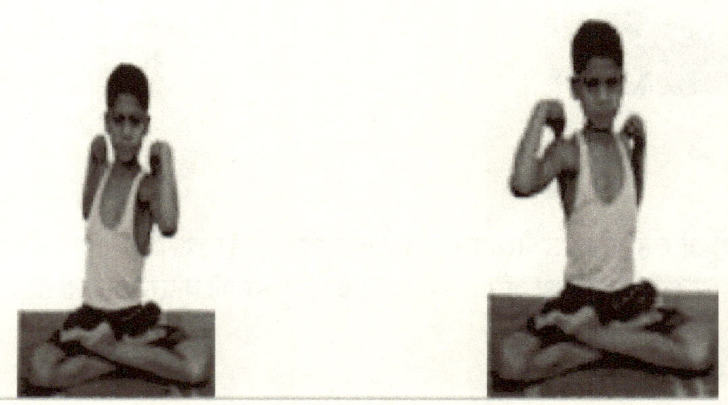

लाभ: कंधों और कोहनियों की मांसपेशियों को मजबूत और लचीला बनाता है। रक्त प्रवाह में सुधार करता है। कंधों की गतिशीलता और समन्वय को बढ़ाता है।

22. बाईसवां अभ्यास

पद्मासन में बैठें, रीढ़, गर्दन और सिर को सीधा रखें। दोनों कोहनियों को एक साथ गोलाकार गति में घुमाएं। प्रत्येक दिशा में 10 बार यह क्रिया करें।

लाभ: कंधों और कोहनियों की लचीलापन और शक्ति को बढ़ाता है। रक्त प्रवाह में सुधार करता है। कंधों की गतिशीलता और शरीर के समन्वय को बेहतर बनाता है।

23. तेईसवां अभ्यास

दाएं हाथ से बाईं कोहनी और बाएं हाथ से दाईं कोहनी पकड़ें। इसे 5 बार दाईं ओर घुमाएं और फिर 5 बार बाईं ओर भी घुमाएं।

24. चौबीसवां अभ्यास

पद्मासन में बैठें और हाथों को घुटनों पर रखें। सिर को दाईं ओर जितना संभव हो घुमाएं और कुछ सेकंड के लिए उस स्थिति में रखें। फिर सिर को बाईं ओर घुमाएं और वही प्रक्रिया दोहराएं। प्रत्येक दिशा में यह क्रिया 1 बार करें।

लाभ: गर्दन की मांसपेशियों को लचीला और मजबूत बनाता है। गर्दन और रीढ़ की गतिशीलता में सुधार करता है। मानसिक तनाव और थकान को कम करता है।

25. पच्चीसवां अभ्यास

पद्मासन में बैठें और हाथों को घुटनों पर रखें। सिर को पीछे की ओर झुकाएं और कुछ क्षण के लिए उस स्थिति में बनाए रखें। फिर सिर को आगे झुकाएं और ठुड्डी को छाती से लगाएं। प्रत्येक स्थिति को एक बार करें।

लाभ: गर्दन की मांसपेशियों को लचीला और मजबूत बनाता है। तनाव और गर्दन की जकड़न को कम करता है। गर्दन और रीढ़ की गतिशीलता को सुधारता है।

26. छब्बीसवां अभ्यास

पद्मासन में बैठें और रीढ़, गर्दन, और सिर को सीधा रखें। सिर को धीरे-धीरे गोलाकार गति में दाईं ओर घुमाएं। फिर सिर को बाईं ओर घुमाएं। प्रत्येक दिशा में यह प्रक्रिया 1 बार करें।

लाभ: गर्दन की मांसपेशियों को लचीला और मजबूत बनाता है। तनाव और जकड़न को दूर करता है। रक्त प्रवाह में सुधार करता है और गर्दन की गतिशीलता को बढ़ावा देता है।

27. सत्ताईसवां अभ्यास

पद्मासन में बैठें और रीढ़, गर्दन, और सिर को सीधा रखें। सिर को दाईं ओर झुकाएं, इस प्रकार कि दाहिना कान दाहिने कंधे को छूने की कोशिश करे। फिर सिर को बाईं ओर झुकाएं, जिससे बायां कान बाएं कंधे को छूने की कोशिश करे। प्रत्येक दिशा में इस प्रक्रिया को 3 बार दोहराएं।

लाभ: गर्दन और कंधों की मांसपेशियों को लचीला बनाता है। तनाव और जकड़न को कम करता है। गर्दन और कंधों की गतिशीलता और रक्त प्रवाह में सुधार करता है।

28. अट्ठाईसवां अभ्यास

पद्मासन में बैठें और रीढ़, गर्दन, और सिर को सीधा रखें। दाहिने हाथ को गर्दन के दाहिनी ओर रखें। हाथ से सिर की ओर और सिर से हाथ की ओर हल्का दबाव डालें। यही प्रक्रिया बाईं ओर दोहराएं। प्रत्येक दिशा में इस अभ्यास को 2 बार करें।

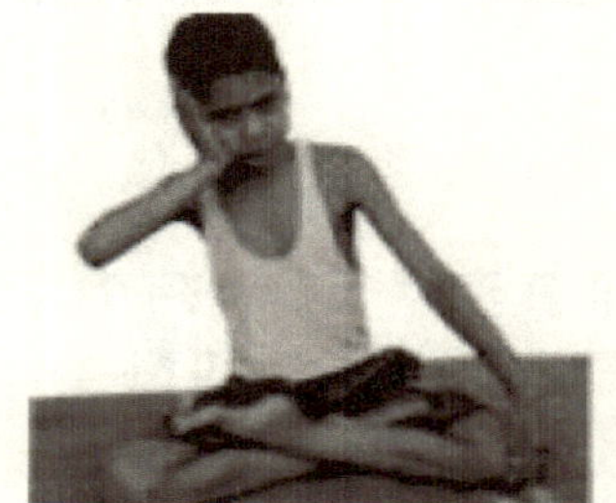 

लाभ: गर्दन की मांसपेशियों को मजबूत और लचीला बनाता है। तनाव और मांसपेशियों की जकड़न को कम करता है। गर्दन और सिर के समन्वय में सुधार करता है।

29. उनतीसवां अभ्यास

आरामदायक स्थिति में बैठें। गालों को फुलाएं और मुंह में हवा भरें। हवा को मुंह के अंदर बाईं से दाईं ओर और ऊपर से नीचे की ओर घुमाएं।

 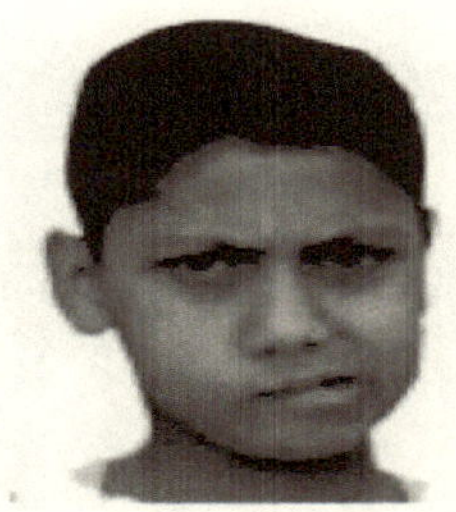 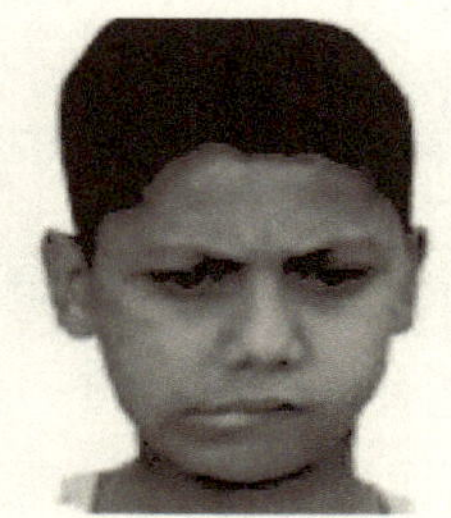

लाभ: गालों और चेहरे की मांसपेशियों को मजबूत और लचीला बनाता है। चेहरे की त्वचा के रक्त प्रवाह में सुधार करता है। मांसपेशियों की थकावट को कम करता है और त्वचा को प्राकृतिक चमक प्रदान करता है|

30. तेरहवां अभ्यास

बैठने की आरामदायक स्थिति में रहें। दोनों हाथों से कानों के लोब (earlobes) को पकड़ें। कानों की गोलाकार मसाज करें, दाईं से बाईं दिशा में 10 बार।

लाभ: कानों के रक्त प्रवाह को बेहतर बनाता है। सिरदर्द और कानों की थकान को कम करता

है। इंद्रियों को सक्रिय करता है और मानसिक शांति प्रदान करता है।

31. इकत्तीसवां अभ्यास

हाथों को घुटनों पर रखें और सीधे बैठें। मुंह को पूरी तरह खोलें। जीभ को जितना संभव हो, बाहर की ओर निकालें। जोर से सांस छोड़ें (exhale forcefully)। इस प्रक्रिया को 2 बार करें।

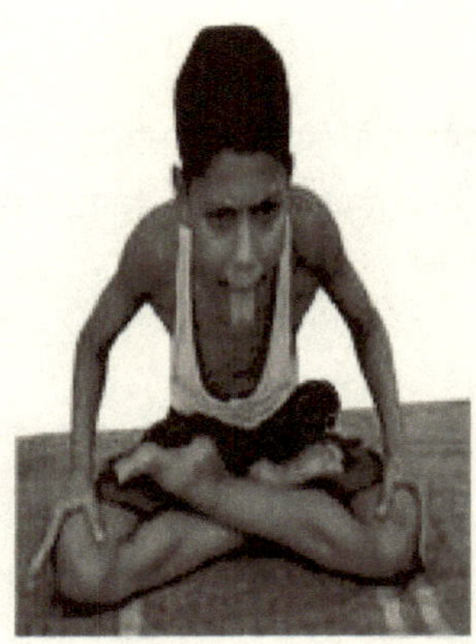

लाभ: गले और चेहरे की मांसपेशियों को सक्रिय करता है। तनाव को कम करता है और गले को आराम प्रदान करता है। ऊर्जा प्रवाह को संतुलित करता है।

सूक्ष्मासन के लाभ:

ये सूक्ष्म अभ्यास उन्नत योग प्रथाओं के लिए शरीर को तैयार करते हैं। जोड़ों, मांसपेशियों, और ऊर्जा मार्गों को सक्रिय करते हैं। लचीलापन बढ़ाते हैं और रक्त परिसंचरण में सुधार करते हैं। मानसिक स्पष्टता और शांति को बढ़ावा देते हैं। दैनिक अभ्यास से शरीर अधिक फुर्तिला और गहन आसनों तथा प्राणायाम के लिए तैयार हो जाता है।

आंखों से संबंधित सूक्ष्म अभ्यास *(Eye-Related Subtleties)*

ये अभ्यास आंखों को मजबूत बनाने और उनकी सेहत को बेहतर बनाए रखने के लिए तैयार किए गए हैं। ये आंखों के तनाव को कम करने और दृष्टि को स्पष्ट बनाए रखने में मदद करते हैं। नियमित रूप से इन अभ्यासों का अभ्यास आंखों के स्वास्थ्य के लिए अत्यंत आवश्यक है।

लाभ: आंखों की मांसपेशियों को मजबूत करता है। दृष्टि को स्पष्ट और तेज बनाए रखता है। लंबे समय तक स्क्रीन देखने या पढ़ाई के कारण होने वाले तनाव को कम करता है। आंखों के रक्त प्रवाह में सुधार करता है। नीचे दिए गए अभ्यास नियमित रूप से करने से आंखों के स्वास्थ्य में सुधार होगा।

1. क्षैतिज नेत्र गति (Horizontal Eye Movement)

पद्मासन में बैठें, शरीर को सीधा और सिर को स्थिर रखें। दोनों हाथों को कंधे की ऊंचाई पर बाजू की ओर सीधे फैलाएं। अंगूठे को सीधा रखें और बाकी उंगलियों को मुठ्ठी में बंद कर लें। अपनी दृष्टि को पहले दाहिने अंगूठे की नोक पर केंद्रित करें और फिर इसे बाएं अंगूठे की नोक पर ले जाएं। इस प्रक्रिया को प्रत्येक अंगूठे के लिए 20 बार दोहराएं। यह अभ्यास आंखों की मांसपेशियों को मजबूत और लचीला बनाता है, दृष्टि की स्पष्टता और फोकस को बढ़ाता है, आंखों के तनाव को कम करता है और उनके रक्त प्रवाह में सुधार करता है।

2. ऊर्ध्वाधर नेत्र गति (Vertical Eye Movement):

पद्मासन में बैठें, शरीर को सीधा और सिर को स्थिर रखें। दाहिने हाथ को ऊपर उठाएं और बाएं हाथ को नीचे जमीन को छूने तक झुकाएं। अपनी दृष्टि को ऊपर उठे हुए अंगूठे की नोक पर केंद्रित करें और फिर इसे नीचे झुके हुए अंगूठे की नोक पर ले जाएं। यह प्रक्रिया प्रत्येक दिशा में 20 बार दोहराएं। इसके बाद, हाथों को बदलें: बायां हाथ ऊपर उठाएं और दाहिने हाथ को नीचे करें। उसी प्रक्रिया को 20 बार दोहराएं। यह अभ्यास आंखों की मांसपेशियों को ऊर्ध्वाधर दिशा में मजबूत और लचीला बनाता है, दृष्टि की स्पष्टता और फोकस में सुधार करता है और लंबे समय तक एक ही दिशा में देखने से होने वाले तनाव को कम करता है।

3. निकट से दूर दृष्टि अभ्यास (Near-to-Far Focus):

पद्मासन में बैठें और शरीर को सीधा रखें। बायां हाथ बाएं घुटने पर रखें। दाहिने हाथ को सामने की ओर सीधा फैलाएं और अंगूठे को सीधा रखें। बिना पलक झपकाए, अपनी दृष्टि को अंगूठे की नोक पर केंद्रित करें। धीरे-धीरे हाथ को चेहरे के करीब लाएं, जब तक अंगूठा दोनों आंखों के बीच की दूरी पर न आ जाए। इसके बाद, धीरे-धीरे हाथ को वापस

अपनी प्रारंभिक स्थिति में ले जाएं। इस प्रक्रिया को 3 बार दोहराएं। यह अभ्यास आंखों की मांसपेशियों को मजबूत करता है और लचीलापन बढ़ाता है, निकट और दूर की दृष्टि पर ध्यान केंद्रित करने की क्षमता में सुधार करता है, और आंखों की थकावट व तनाव को कम करता है।

4. वृत्ताकार नेत्र गति (Circular Eye Movement):

पद्मासन में बैठें, शरीर को सीधा और सिर को स्थिर रखें। दाहिने हाथ को सामने की ओर सीधा फैलाएं और अंगूठे को सीधा रखें। अपनी दृष्टि को अंगूठे की नोक पर केंद्रित करें। अब दाहिने हाथ को वृत्ताकार गति में दाईं ओर तीन बार घुमाएं, बिना अंगूठे से दृष्टि हटाए। इसके बाद, बाएं हाथ से यही प्रक्रिया करें, हाथ को वृत्ताकार गति में बाईं ओर तीन बार घुमाते हुए। यह अभ्यास आंखों की मांसपेशियों को सभी दिशाओं में लचीला और मजबूत बनाता है, दृष्टि की गतिशीलता और फोकस में सुधार करता है, आंखों के चारों ओर रक्त प्रवाह को बढ़ावा देता है और तनाव को कम करता है।

5. ऊपर-नीचे नेत्र गति (Up-and-Down Movement):

पद्मासन में बैठें और दोनों हाथों को घुटनों पर रखें। अपनी आंखों को नीचे की ओर झुकाएं और जमीन को देखें। इसके बाद, आंखों को ऊपर की ओर उठाएं और आसमान को देखें। इस ऊपर-नीचे गति को 20 बार दोहराएं। यह अभ्यास आंखों की मांसपेशियों को मजबूत और लचीला बनाता है, दृष्टि की स्पष्टता और ध्यान केंद्रित करने की क्षमता में सुधार करता है, आंखों के तनाव को कम करता है और रक्त प्रवाह को बढ़ाता है।

6. हथेलियों की ऊर्जा से विश्राम (Relaxation with Palm Energy):

पद्मासन में बैठें और आंखों को बंद करें। अपनी आंखों को दो मिनट के लिए बंद रखें। दोनों हाथों की हथेलियों को एक-दूसरे से रगड़ें ताकि उनमें गर्माहट और ऊर्जा उत्पन्न हो। हथेलियों को धीरे से बंद आंखों पर रखें और इस ऊर्जा को आंखों में स्थानांतरित होने दें। इस प्रक्रिया को 4 बार दोहराएं। यह अभ्यास आंखों को गहन विश्राम और तनाव से राहत प्रदान करता है, आंखों की थकावट को कम करता है, दृष्टि में सुधार करता है, और आंखों के चारों

ओर रक्त प्रवाह को बढ़ाकर ताजगी का अनुभव कराता है।

7. प्राकृतिक हरियाली को देखना (Viewing Natural Greenery):

हथेलियों की ऊर्जा वाले अभ्यास को पूरा करने के बाद, आरामदायक स्थिति में बैठें और धीरे-धीरे अपनी आंखें खोलें। हरी घास, पेड़ या किसी प्राकृतिक हरियाली को देखें, ताकि आंखों को आराम और ताजगी मिल सके। चमकीली या तेज वस्तुओं को देखने से बचें और कभी भी सीधे सूर्य की ओर न देखें। यह अभ्यास आंखों को प्राकृतिक आराम और शीतलता प्रदान करता है, दृष्टि को ताजा और स्पष्ट बनाए रखता है, और आंखों के तनाव को कम करके उन्हें अधिक आरामदायक बनाता है।

सामूहिक लाभ (Overall Benefits):

- **आंखों की ताकत बढ़ाना:** ये अभ्यास आंखों की मांसपेशियों को मजबूत बनाते हैं और उनकी सहनशीलता में सुधार करते हैं।
- **तनाव कम करना:** नियमित अभ्यास से लंबे समय तक काम करने या स्क्रीन पर देखने से होने वाले तनाव में कमी आती है।
- **ध्यान और दृष्टि में सुधार:** आंखों के फोकस और स्पष्टता को बेहतर बनाने में सहायक।
- **सूखापन और थकावट रोकना:** ये अभ्यास आंखों को तरोताजा रखते हैं और सूखेपन या थकावट जैसी समस्याओं को रोकने में मदद करते हैं।
- **प्राकृतिक हरियाली से आराम:** हरियाली देखने से आंखों को शीतलता और मानसिक राहत मिलती है, जो शारीरिक और मानसिक स्वास्थ्य दोनों के लिए फायदेमंद है।

ये सरल लेकिन प्रभावी अभ्यास संपूर्ण नेत्र स्वास्थ्य को बनाए रखने और आंखों से जुड़ी समस्याओं को रोकने में अत्यधिक लाभकारी हैं।

1. कायाकल्प (Kayakalp):

यह आयुर्वेद और योग में "शरीर का पुनरुत्थान" (Rejuvenation) या "शरीर और मन का

नवीनीकरण" को संदर्भित करता है।

"काया" का अर्थ है शरीर, और "कल्प" का अर्थ है परिवर्तन या नवीनीकरण।

कायाकल्प प्रक्रिया:

कायाकल्प में योग, प्राणायाम, ध्यान, आहार, औषधि और विशेष प्रक्रियाएं शामिल होती हैं जो शरीर को अंदर से शुद्ध करती हैं और ऊर्जा प्रदान करती हैं।

लाभ: आयु बढ़ाने में मदद करना। रोग प्रतिरोधक क्षमता बढ़ाना। शरीर को स्वस्थ और युवा बनाए रखना। मन और आत्मा का शुद्धिकरण। ये दोनों ही प्राचीन भारतीय पद्धतियां शरीर, मन और आत्मा के सामूहिक विकास और शुद्धि के लिए महत्वपूर्ण मानी जाती हैं।

पुनर्जीवन अभ्यास (Rejuvenation Practices)

पुनर्जीवन अभ्यास ऊर्जा को पुनर्स्थापित करने और शरीर को फिर से सक्रिय करने के लिए आवश्यक हैं। ये शरीर, श्वास और मन को संतुलित करते हैं, समग्र शारीरिक और मानसिक स्वास्थ्य को बढ़ावा देते हैं।

1. नाडीतान (Stretching Exercise)

"नाडीतान" नेपाली शब्द है, जिसमें "नाड़ी" का अर्थ है शरीर की ऊर्जा-वाहिनी (नर्व्स या प्राण-चैनल) और "तान" का अर्थ है खिंचाव (Stretch)। इसे हिंदी में "नाड़ियों का खिंचाव" कहा जा सकता है।

यह एक ऐसा अभ्यास है जो नाड़ियों या मांसपेशियों में लचीलापन, ऊर्जा प्रवाह और शरीर की गतिशीलता को बढ़ाने के लिए किया जाता है। कायाकल्प प्रक्रिया में नाडीतान का प्रमुख स्थान है, क्योंकि यह शारीरिक और मानसिक शुद्धि के साथ-साथ शरीर के पुनर्निर्माण (Rejuvenation) में सहायता करता है।

पीठ के बल आरामदायक स्थिति में लेटें, दोनों पैरों को एक साथ रखें और हाथों को निचले पेट पर रखें। गहरी सांस लें (कुंभक) और दोनों हाथों को ऊपर की ओर खींचते हुए सिर के पीछे जमीन को छूने तक फैलाएं। इसी समय, पैरों को नीचे की ओर खींचें। इस स्थिति को कुछ क्षणों के लिए बनाए रखें। सांस छोड़ते हुए (लाक्षणिक) वापस प्रारंभिक स्थिति में लौट आएं। इस प्रक्रिया को 3 बार दोहराएं। यह अभ्यास पूरे शरीर को खिंचाव प्रदान करता है, जिससे मांसपेशियों में तनाव कम होता है, शरीर में ऊर्जा का संचार होता है और थकावट दूर होती है। इसके अलावा, यह श्वास और शरीर के समन्वय में सुधार करता है और रीढ़ की हड्डी को मजबूत व लचीला बनाता है।

2. चलने का अभ्यास (Walking Exercise):

पीठ के बल सीधे लेटें और दोनों हाथों को बगल में रखें, हथेलियां नीचे की ओर रहें। सिर को स्थिर रखते हुए, कमर से नीचे के शरीर को हिलाएं। सुनिश्चित करें कि पैरों की उंगलियां बारी-बारी से जमीन को छू रही हों। प्रत्येक पैर के लिए इस गति को 10 बार दोहराएं। यह अभ्यास कमर और पैरों की मांसपेशियों को सक्रिय करता है, रक्त प्रवाह को बढ़ावा देता है और थकान को दूर करता है। इसके अलावा, यह पूरे शरीर में हलचल और समन्वय को सुधारता है तथा रीढ़ और निचले शरीर के लचीलापन को बढ़ाता है।

3. नेविगेटिंग (पैर हिलाने का अभ्यास / Leg Shaking Exercise):

उसी स्थिति में रहें (पीठ के बल लेटे हुए)। दाहिने पैर को बाएं टखने के ऊपर क्रॉस करें और पैरों को तेजी से दाईं और बाईं ओर हिलाएं, यह सुनिश्चित करते हुए कि गति कूल्हों से आ रही हो। इसके बाद, पैर बदलें (बायां पैर दाहिने टखने के ऊपर) और इसी प्रक्रिया को दोहराएं। प्रत्येक दिशा में यह अभ्यास 10 बार करें। यह अभ्यास कूल्हों और जांघों की मांसपेशियों को सक्रिय करता है, शरीर के निचले हिस्से में लचीलापन और गतिशीलता बढ़ाता है। इसके अतिरिक्त, यह रक्त प्रवाह को बढ़ावा देता है, थकावट को कम करता है और कूल्हों तथा निचले शरीर की ताकत और समन्वय में सुधार करता है।

4. मकरासन I (Crocodile Pose I):

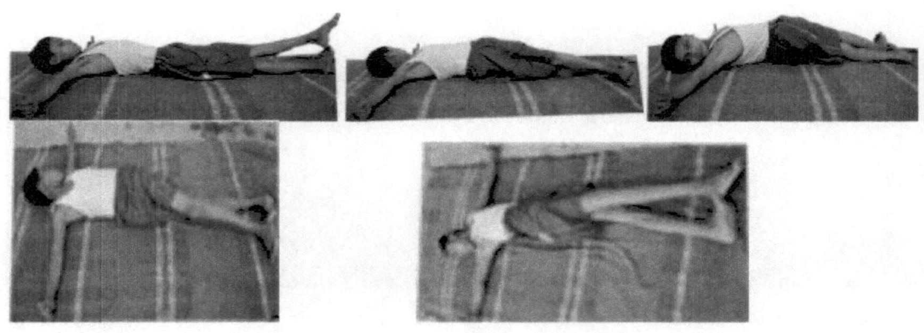

पेट के बल लेटें और हाथों को शरीर के दोनों ओर फैलाएं, हथेलियां नीचे की ओर रखें। उंगलियों को मुट्ठी में बंद करें और अंगूठे को ऊपर की ओर रखें। दाहिने पैर की एड़ी को बाएं पैर की उंगलियों के बीच रखें। गहरी सांस लें (कुंभक) और शरीर के निचले हिस्से को बाईं ओर मोड़ें, जबकि सिर को दाईं ओर घुमाएं।

अपनी दृष्टि को दाहिने अंगूठे पर केंद्रित करें। सांस छोड़ते हुए प्रारंभिक स्थिति में लौट आएं। फिर दूसरी तरफ यही प्रक्रिया दोहराएं। प्रत्येक दिशा में यह अभ्यास 3 बार करें।

यह अभ्यास रीढ़ की हड्डी को लचीला और मजबूत बनाता है, पेट और कमर की मांसपेशियों को सक्रिय करता है, शरीर के समन्वय और संतुलन में सुधार करता है। इसके अलावा, यह तनाव और थकावट को कम करता है तथा मानसिक और शारीरिक शांति प्रदान करता है।

5. मकरासन II (Crocodile Pose II):

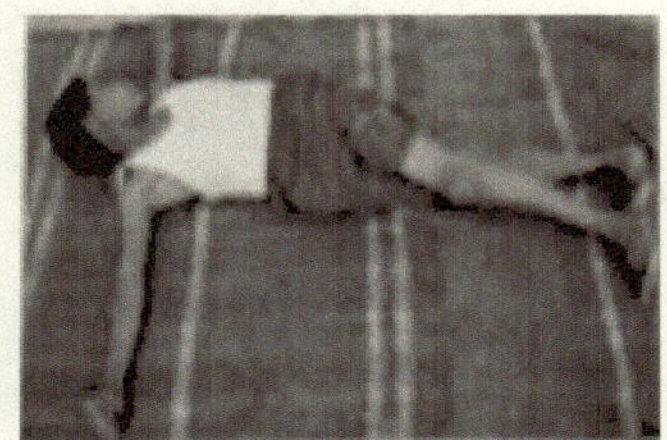 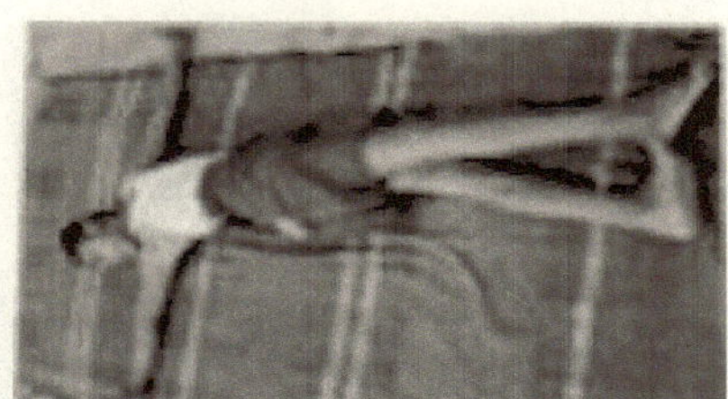

पेट के बल लेटें और मकरासन I की स्थिति में रहें। दाहिने पैर को बाएं घुटने के ऊपर रखें, जबकि बायां पैर सीधा रखें। गहरी सांस लें (कुंभक), और शरीर के निचले हिस्से को मोड़ें ताकि दाहिना घुटना जमीन को छुए।

सिर को दाईं ओर घुमाएं और दाहिने अंगूठे को देखें। सांस छोड़ते हुए (रेचक) प्रारंभिक स्थिति में लौट आएं। अब बाएं पैर को दाहिने घुटने के ऊपर रखें और दूसरी ओर यही प्रक्रिया दोहराएं। प्रत्येक दिशा में यह अभ्यास 3 बार करें।

यह अभ्यास रीढ़ की हड्डी को मजबूत और लचीला बनाता है, कमर और कूल्हों के जोड़ों की गतिशीलता में सुधार करता है। साथ ही यह तनाव और थकावट को कम करता है, जिससे शरीर और मन को शांति मिलती है।

यह शरीर के संतुलन और समन्वय को भी बढ़ावा देता है।

6. मकरासन III (Crocodile Pose III):

पीठ के बल लेटें। दोनों पैरों को मोड़ें और घुटनों को छाती की ओर लाएं। गहरी सांस लें (कुंभक) और शरीर के निचले हिस्से को बाईं ओर मोड़ें, जबकि सिर को दाईं ओर घुमाएं। इस दौरान, घुटने जमीन से थोड़ा ऊपर रहें। सांस छोड़ते हुए (रेचक) वापस प्रारंभिक स्थिति में लौट आएं। अब शरीर के निचले हिस्से को दाईं ओर और सिर को बाईं ओर मोड़ें। प्रत्येक दिशा में इस प्रक्रिया को 3 बार दोहराएं।

यह अभ्यास रीढ़ की हड्डी और कमर के लचीलापन और मजबूती में सुधार करता है, पेट की मांसपेशियों को सक्रिय करता है और पाचन तंत्र को लाभ पहुंचाता है। साथ ही, यह तनाव को कम करता है और पूरे शरीर को आराम प्रदान करता है। यह शरीर के समन्वय और संतुलन को बेहतर बनाता है।

7. वराहासन I (Boar Pose I):

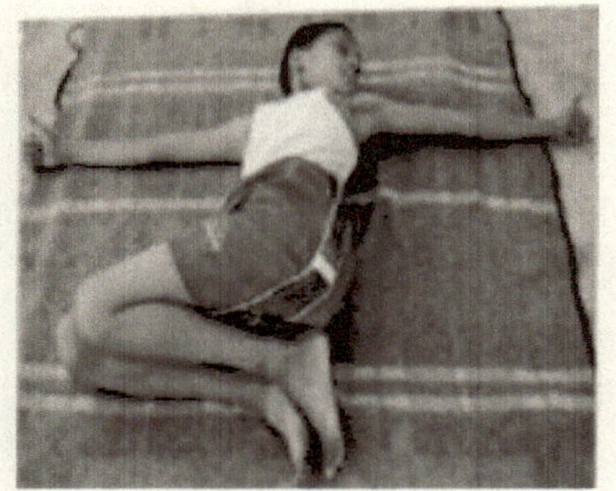 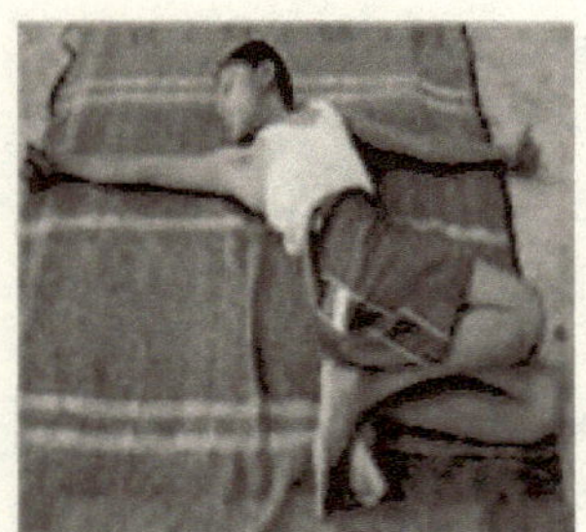

पीठ के बल सीधे लेटें। दोनों पैरों को मोड़ें और एड़ियों को कूल्हों के पास लाएं, घुटनों को एक साथ रखें। गहरी सांस लें (कुंभक) और घुटनों को बाईं ओर मोड़ें, ताकि वे जमीन को छूएं। सिर को दाईं ओर घुमाएं और दाहिने अंगूठे को देखें। सांस छोड़ते हुए (रेचक) वापस प्रारंभिक स्थिति में लौट आएं। अब इसी प्रक्रिया को दूसरी ओर दोहराएं। प्रत्येक दिशा में इस अभ्यास को 3 बार करें।

यह अभ्यास रीढ़ की हड्डी और कमर की मांसपेशियों को लचीला और मजबूत बनाता है। साथ ही, यह शरीर के निचले हिस्से की गतिशीलता और संतुलन को सुधारता है। यह तनाव और थकावट को कम करने के साथ-साथ पाचन तंत्र और आंतों की सक्रियता में भी मदद करता है।

8. वराहासन II (Boar Pose II):

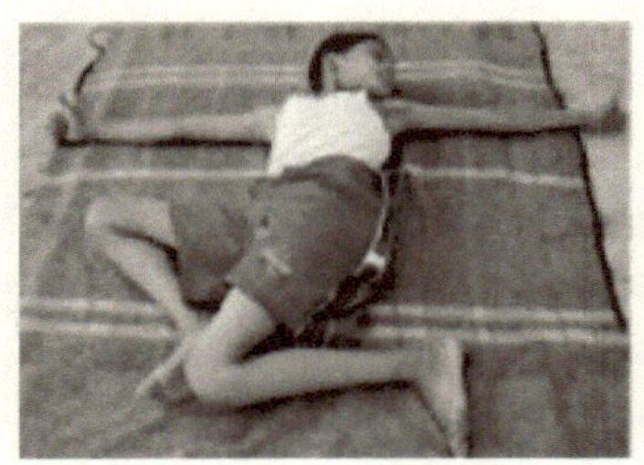
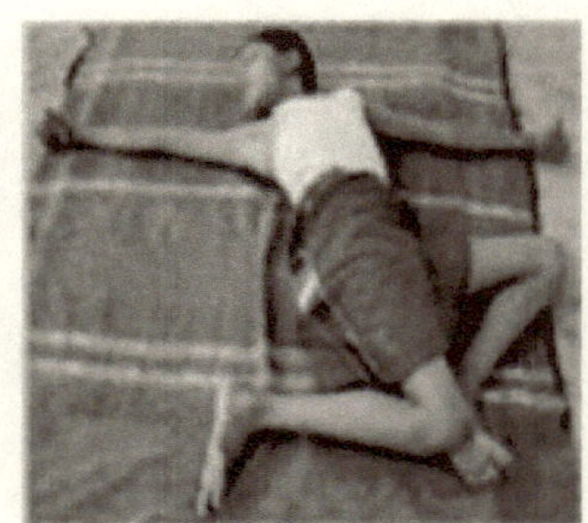

वराहासन I की स्थिति में बने रहें (पीठ के बल लेटें और पैरों को हल्का मोड़ें)। पैरों को थोड़ा अलग करें। अब बाएं घुटने को अंदर की ओर मोड़ें, ताकि वह दाहिने पैर को छुए। इसके बाद, दाएं घुटने को मोड़ें, ताकि वह बाएं पैर को छुए। यह प्रक्रिया बारी-बारी से करें। प्रत्येक दिशा में यह अभ्यास 3 बार दोहराएं।

यह अभ्यास कूल्हों और घुटनों की लचीलापन और ताकत में सुधार करता है, रीढ़ की हड्डी और कमर को सक्रिय करता है। साथ ही, यह रक्त प्रवाह और पाचन तंत्र को सुधारता है और पूरे शरीर के समन्वय और गतिशीलता को बेहतर बनाता है।

9. पवनमुक्तासन (Pawanmuktasana - Gas-Relieving Pose):

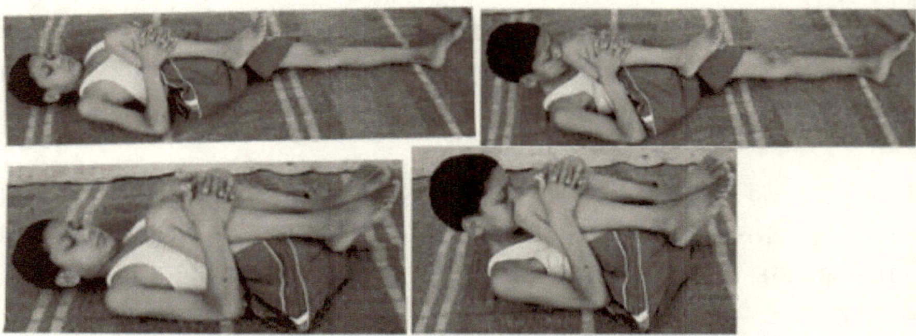

पीठ के बल सीधे लेटें और हाथों को शरीर के बगल में रखें। दाहिने पैर को मोड़ें और घुटने को छाती की ओर लाएं। सिर को उठाएं और सांस छोड़ते हुए (रेचक), नाक को घुटने से छूने का प्रयास करें। फिर दाहिने पैर को वापस प्रारंभिक स्थिति में लाएं। यही प्रक्रिया बाएं पैर के साथ दोहराएं। अंत में, दोनों पैरों को एक साथ छाती की ओर लाएं और सिर को उठाकर नाक को घुटनों से छूने का प्रयास करें। प्रत्येक स्थिति को 3 बार दोहराएं।

यह अभ्यास पेट की गैस को बाहर निकालने में सहायक है, पाचन तंत्र को सक्रिय करता है और कब्ज को कम करता है। इसके अलावा, यह रीढ़ और कमर की मांसपेशियों को मजबूत और लचीला बनाता है तथा तनाव और थकावट को दूर करता है।

10. मण्डुकासन (Mandukasana - Frog Pose):

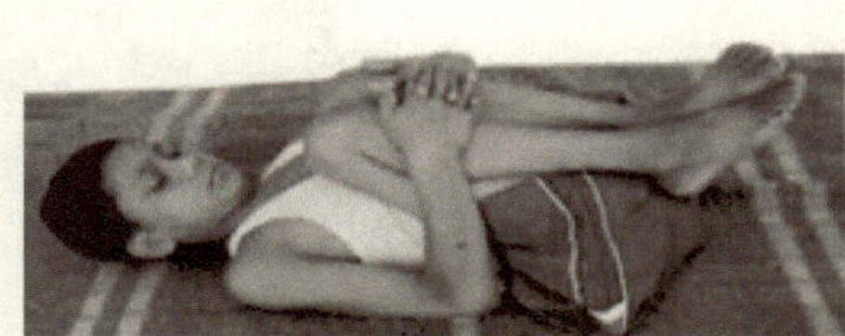

पीठ के बल सीधे लेटें। घुटनों को मोड़ें और एड़ियों को कूल्हों से लगाएं। सिर को हल्का ऊपर उठाएं और दोनों हाथों से घुटनों को पकड़ें। पूरे शरीर को तेजी से आगे-पीछे झुलाएं (रॉकिंग करें)। यह प्रक्रिया 5 बार करें। इसके बाद, पैरों को सीधा करें और पूरी तरह आराम करें।

यह अभ्यास रीढ़ की हड्डी और कूल्हों की गतिशीलता में सुधार करता है। साथ ही, यह पाचन तंत्र को सक्रिय करता है और पेट की मांसपेशियों को मजबूत बनाता है। यह तनाव को कम करने और पूरे शरीर को आराम प्रदान करने में मदद करता है। इसके अतिरिक्त, यह ऊर्जा के प्रवाह को संतुलित करता है और लचीलापन बढ़ाता है।

11. पेडेस्ट्रियन पोज़चर (Pedestrian Posture):

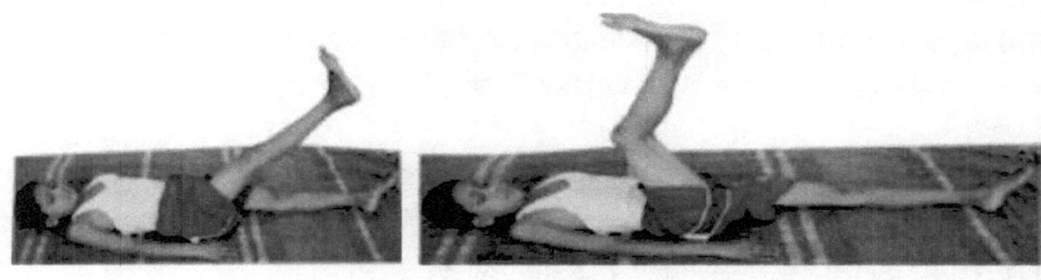

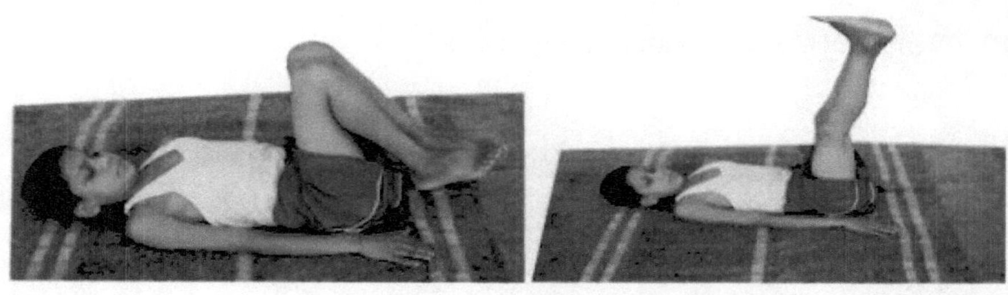

पीठ के बल सीधे लेटें और हाथों को शरीर के बगल में रखें। दाहिने पैर को उठाएं और इसे छाती के पास लाएं। फिर पैर को ऊपर की ओर सीधा करें और धीरे-धीरे वापस नीचे लाएं। यही प्रक्रिया बाएं पैर के साथ दोहराएं। बारी-बारी से दोनों पैरों के साथ यह गति करें। प्रत्येक पैर के लिए यह अभ्यास 20 बार करें।

यह अभ्यास पैरों की मांसपेशियों को मजबूत और लचीला बनाता है। साथ ही, यह पाचन तंत्र और रक्त प्रवाह में सुधार करता है। इसके अलावा, यह पेट और कूल्हों की मांसपेशियों को सक्रिय करता है तथा शरीर के निचले हिस्से की गतिशीलता और समन्वय को बढ़ाता है।

12. बच्चों की गतिविधि (Children's Movement):

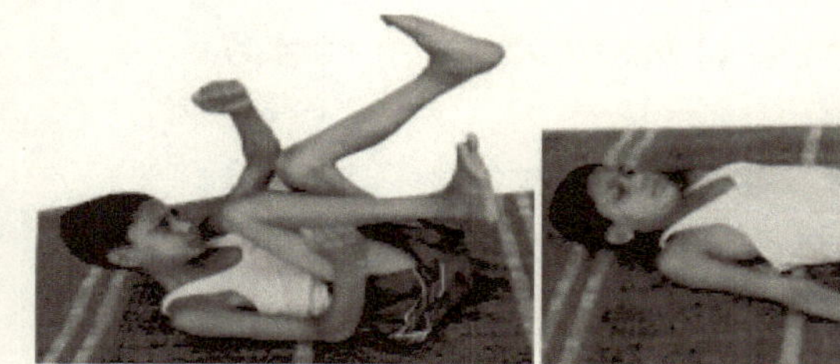

पीठ के बल सीधे लेटें। छोटे बच्चे की तरह अपने पैरों और सिर को बिना किसी क्रम के हिलाएं-डुलाएं। यह गतिविधि सहजता और खेल-भावना के साथ करें। शरीर को पूरी तरह से आराम देने के लिए यह गति कुछ क्षणों तक जारी रखें।

यह अभ्यास शरीर और मांसपेशियों को गहन विश्राम प्रदान करता है, तनाव और थकावट को दूर करता है, और पूरे शरीर में ऊर्जा का पुनर्संचार करता है। साथ ही, हल्की और मुक्त गतिविधि मन को प्रसन्नता और ताजगी का अनुभव कराती है।||

13. शवासन (Shavasana - Corpse Pose):

पीठ के बल सीधे लेटें। पैरों को थोड़ा अलग रखें और हाथों को शरीर के बगल में रखें, हथेलियां ऊपर की ओर हों। पूरे शरीर को पूरी तरह से ढीला छोड़ दें। धीरे से आंखें बंद करें और अपनी सांसों पर ध्यान केंद्रित करें, लेकिन उसे नियंत्रित करने का प्रयास न करें। इस स्थिति में कम से कम 5 मिनट तक रहें।

यह अभ्यास शरीर और मन को गहन विश्राम प्रदान करता है, तनाव और थकावट को पूरी तरह से दूर करता है, मानसिक शांति और आत्म-जागरूकता को बढ़ावा देता है। साथ ही, यह शारीरिक ऊर्जा को पुनः स्थापित करता है और ध्यान के लिए मन को तैयार करता है।

पुनर्जीवन अभ्यास के लाभ (Benefits of Rejuvenation Exercises)

लचीलापन बढ़ाना (Enhances Flexibility):
ये अभ्यास शरीर की मांसपेशियों और जोड़ों को मजबूत और लचीला बनाते हैं।

रक्त परिसंचरण सुधारना (Improves Blood Circulation):
शरीर में रक्त प्रवाह को बढ़ाकर अंगों की क्रियाशीलता को बेहतर बनाते हैं।।

पाचन तंत्र को सक्रिय करना (Stimulates Digestion):
ये अभ्यास पेट की मांसपेशियों को सक्रिय करते हैं और पाचन को बेहतर बनाते हैं।

तनाव मुक्त करना (Releases Stress):
शारीरिक और मानसिक तनाव को कम करते हैं, जिससे शांति और संतुलन की भावना पैदा होती है।

ऊर्जा पुनर्संचार (Rejuvenates Energy):
थके हुए शरीर और मन में ऊर्जा का संचार करके ताजगी और उत्साह प्रदान करते हैं।

जीवनशैली संतुलित करना (Balances Lifestyle):
नियमित अभ्यास से स्वस्थ और संतुलित जीवनशैली को बनाए रखने में मदद मिलती है।

इन अभ्यासों को दैनिक दिनचर्या में शामिल करने से समग्र शारीरिक और मानसिक स्वास्थ्य में सुधार होता है।

☙

4. सूर्य नमस्कार (Surya Namaskar - Sun Salutation):

सूर्य नमस्कार, बारह आसनों का एक क्रम है, जिसे मंत्रों के साथ किया जाता है। यह न केवल शारीरिक और मानसिक स्वास्थ्य को बढ़ावा देता है, बल्कि जीवन और ऊर्जा के स्रोत सूर्य को सम्मानित करने का एक आध्यात्मिक अभ्यास भी है। प्रत्येक आसन शारीरिक और मानसिक लाभ प्रदान करता है और शरीर में ऊर्जा के प्रवाह को नियंत्रित करता है।

लाभ (Benefits):

1. शारीरिक स्वास्थ्य (Physical Health):

मांसपेशियों को मजबूत और लचीला बनाता है।
शरीर के अंगों और प्रणालियों में रक्त संचार को सुधारता है।
वजन प्रबंधन में सहायक और फिटनेस बनाए रखता है।

2. मानसिक स्वास्थ्य (Mental Health):

मानसिक तनाव और चिंता को कम करता है।
ध्यान और आत्म-चेतना को बढ़ावा देता है।
मन को शांत और केंद्रित रखता है।

3. ऊर्जा प्रवाह (Energy Flow):

शरीर में ऊर्जा का संतुलन बनाए रखता है।
पूरे दिन स्फूर्ति और ताजगी प्रदान करता है।

सूर्य नमस्कार का नियमित अभ्यास शरीर, मन और आत्मा के सामंजस्य को बढ़ावा देता है और इसे एक संपूर्ण स्वास्थ्य दिनचर्या का हिस्सा बनाना अत्यंत लाभकारी है।

***

1. पहला चरण: नमस्कारासन (प्रार्थना मुद्रा)

चटाई पर सीधे खड़े हों और पैर आपस में सटे रहें। हाथों को छाती के सामने नमस्कार मुद्रा में जोड़ें। आंखें बंद करें, सामान्य रूप से सांस लें, और बाल सूर्य पर ध्यान केंद्रित करें। इस चरण में मन को शांत रखते हुए सूर्य को आंतरिक श्रद्धा अर्पित करें।

मंत्र: ॐ मित्राय नमः

2. दूसरा चरण: ऊर्ध्व नमस्कारासन (उपर की ओर नमस्कार)

गहरी सांस लें (कुंभक) और अपने हाथों को ऊपर की ओर उठाएं। अपनी पीठ को हल्के से पीछे की ओर मोड़ें और संतुलन बनाए रखते हुए जितना संभव हो, शरीर को खींचें। इस स्थिति में सूर्य की ऊर्जा का अनुभव करें और मन को एकाग्र रखें।

मंत्र: ॐ रवये नमः

3. तीसरा चरण: हस्तपादासन (आगे झुकने की मुद्रा)

सांस छोड़ें (रेचक) और धीरे-धीरे आगे की ओर झुकें। अपने हाथों को पैरों तक लाने का प्रयास करें और यदि संभव हो, तो सिर को घुटनों पर टिकाएं। इस मुद्रा में रहते हुए शरीर को ढीला छोड़ें और आरामदायक खिंचाव का अनुभव करें।

मंत्र: ॐ सूर्याय नमः

4. चौथा चरण: दायां अश्वसंचालासन (घुड़सवारी मुद्रा)

अपने दोनों हाथों को जमीन पर रखें और दाहिने पैर को आगे की ओर लाएं ताकि वह हाथों के बीच में हो। बाएं पैर को पीछे की ओर खींचें और छाती को ऊपर उठाते हुए सिर को हल्का पीछे की ओर झुकाएं। गहरी सांस लें (कुंभक) और इस मुद्रा को बनाए रखते हुए स्थिरता और संतुलन का अनुभव करें।

मंत्र: ॐ भानवे नमः

5. पांचवां चरण: पर्वतासन (पर्वत मुद्रा)

सांस छोड़ें (रेचक) और दाहिने पैर को पीछे ले जाएं ताकि वह बाएं पैर के साथ सीध में आ जाए। अपने कूल्हों को ऊपर उठाएं और शरीर को पर्वत के आकार में बनाएं। हथेलियों को जमीन पर मजबूती से दबाएं और एड़ियों को जमीन से सटाने का प्रयास करें। इस मुद्रा में शरीर के स्थायित्व और संतुलन का अनुभव करें।

मंत्र: ॐ खगाय नमः

6. छठा चरण: अष्टांगासन (आठ-अंगों की मुद्रा)

अपने शरीर को धीरे-धीरे नीचे झुकाएं ताकि आपकी छाती, ठुड्डी, हाथ, घुटने और पैर की उंगलियां जमीन को छुएं। शेष शरीर (कूल्हे) को थोड़ा ऊंचा रखें। इस मुद्रा में रहते हुए सामान्य रूप से सांस लें और शरीर के संतुलन को बनाए रखें। यह मुद्रा शरीर के आठ अंगों का उपयोग करते हुए सूर्य को समर्पित की जाती है।

मंत्र: ॐ पूष्णे नमः

7. सातवां चरण: भुजंगासन (सर्प मुद्रा)

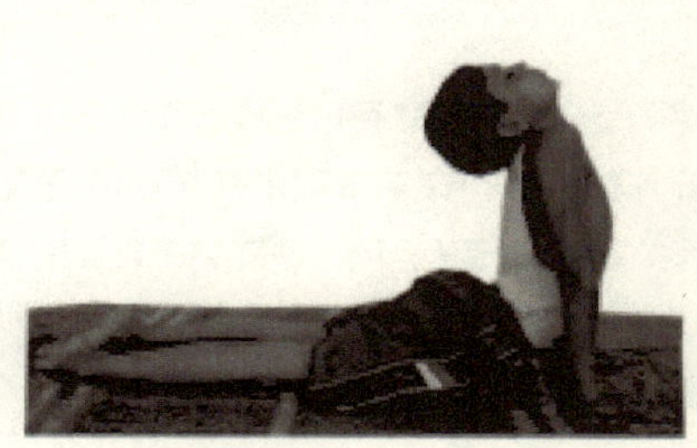

अपने पैरों को पीछे की ओर फैलाएं और हाथों को जमीन पर मजबूती से टिकाएं। गहरी सांस लें और धीरे-धीरे अपनी छाती को ऊपर उठाएं, पीठ को हल्का सा मोड़ते हुए। सिर को ऊपर की ओर उठाएं और गर्दन को आराम दें। इस मुद्रा को आरामदायक स्थिति में बनाए रखें, और ऊर्जा का प्रवाह अनुभव करें।

मंत्र: ॐ हिरण्यगर्भाय नमः

8. आठवां चरण: पर्वतासन (पर्वत मुद्रा)

पांचवें चरण को दोहराते हुए, अपने कूल्हों को ऊपर उठाएं और शरीर को पर्वत के आकार में बनाएं। अपनी हथेलियों को जमीन पर मजबूती से टिकाएं और एड़ियों को नीचे की ओर सटाने का प्रयास करें। गहरी सांस छोड़ें (रेचक) और इस स्थिति को स्थिरता और शांति के साथ बनाए रखें।

मंत्र: ॐ मरीचये नमः

9. नौवां चरण: बायां अश्वसंचालासन (घुड़सवारी मुद्रा)

बायां पैर आगे लाएं ताकि वह दोनों हाथों के बीच में हो, और दाहिने पैर को पीछे की ओर खींचा हुआ रखें। अपनी छाती को ऊपर उठाएं और सिर को हल्का पीछे की ओर झुकाएं। गहरी सांस लें और इस मुद्रा को बनाए रखें। इस स्थिति में स्थिरता और ध्यान का अनुभव करें।

मंत्र: ॐ आदित्याय नमः

10. दसवां चरण: हस्तपादासन (आगे झुकने की मुद्रा)

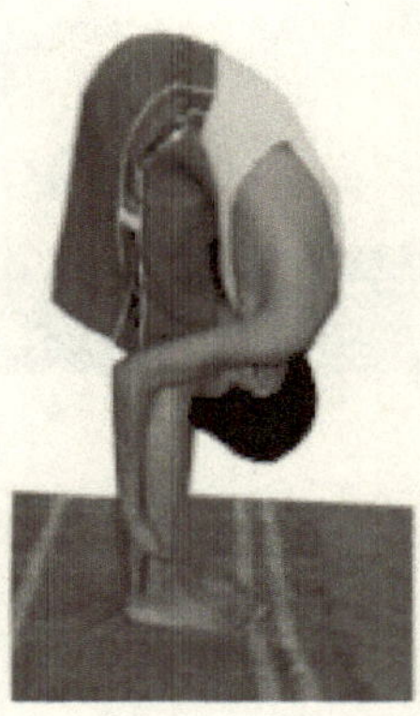

तीसरे चरण को दोहराते हुए, दोनों पैरों को एक साथ लाएं और धीरे-धीरे आगे की ओर झुकें। अपने हाथों को पैरों पर रखें और सिर को घुटनों पर टिकाने का प्रयास करें। इस स्थिति को बनाए रखते हुए सामान्य रूप से सांस लें और शरीर को आराम दें।

मंत्र: ॐ सवित्रे नमः

11. ग्यारहवां चरण: ऊर्ध्व नमस्कारासन (उपर की ओर नमस्कार)

दूसरे चरण को दोहराते हुए, अपने हाथों को ऊपर उठाएं और शरीर को ऊपर की ओर खिंचाव दें। पीठ को हल्का पीछे की ओर मोड़ें और संतुलन बनाए रखें। गहरी सांस लेते हुए इस स्थिति को स्थिर और आरामदायक रखें।

मंत्र: ॐ अर्काय नमः

12. बारहवां चरण: नमस्कारासन (प्रार्थना मुद्रा)

पहले चरण में वापस आते हुए, सीधे खड़े हों और हाथों को छाती के सामने प्रार्थना मुद्रा में जोड़ें। आंखें बंद करें, सामान्य रूप से सांस लें, और मन को शांत रखते हुए सूर्य पर ध्यान केंद्रित करें। इस चरण में अपने आभार और ऊर्जा को सूर्य के प्रति समर्पित करें।

समाप्ति प्रार्थना मंत्र (Ending Prayer Mantra):

समाप्ति प्रक्रिया (Ending Process):

सूर्य नमस्कार के कम से कम एक आवृत्ति (तीन चक्र) पूरा करने के बाद, शवासन (Shavasana) में लेटें और शरीर को पूरी तरह आराम दें। इसके बाद, धीरे-धीरे उठें और पद्मासन (Padmasana) में बैठें। सिर को श्रद्धा के साथ जमीन की ओर झुकाएं और निम्न प्रार्थना मंत्र का पाठ करें:

मंत्र (Mantra):

ॐ जपाकुसुम संकाशं काश्यपेयम् महाद्युतिम्।
तमोऽरिं सर्व पापघ्नं प्रणतोऽस्मि दिवाकरम्।

अर्थ (Meaning):

"मैं सूर्य को प्रणाम करता हूँ, जिसकी दीप्ति जपाकुसुम (गेंदे के फूल) के समान है, जो अंधकार का नाशक और सभी पापों का निवारण करने वाला है।"

यह प्रार्थना अभ्यास को पूर्णता प्रदान करती है

☙

प्राणायाम (Pranayamas)

1. अनुलोम-विलोम प्राणायाम (Alternate Nostril Breathing):

पद्मासन, सुखासन, या स्वस्तिकासन में बैठें और शरीर को सीधा रखते हुए आंखें बंद करें। बाएं हाथ को ज्ञान मुद्रा में घुटने पर रखें और दाहिने हाथ का उपयोग करें। दाहिने हाथ के

अंगूठे से दाहिनी नासिका को बंद करें और बाईं नासिका से गहरी सांस अंदर लें (पूरक)। अनामिका से बाईं नासिका को बंद करें और दाहिनी नासिका से सांस बाहर छोड़ें (रेचक)। अब दाहिनी नासिका से सांस अंदर लें और बाईं नासिका से सांस बाहर छोड़ें। इस प्रक्रिया को जारी रखें, एक नासिका से सांस अंदर लें और दूसरी नासिका से सांस बाहर छोड़ें।

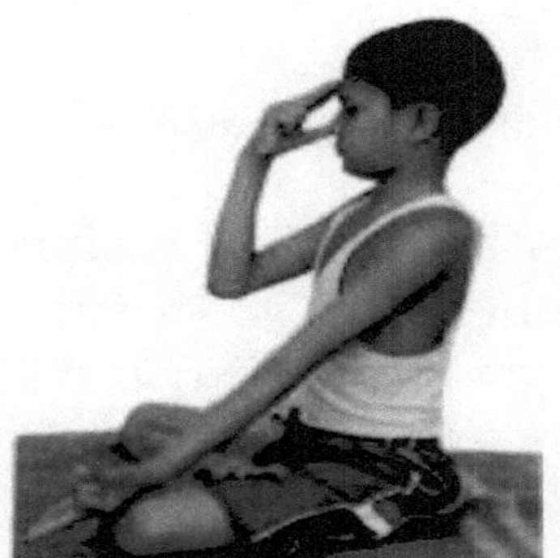

शुरुआत में इस प्राणायाम को 50 चक्र तक करें और हर सप्ताह 25 चक्र बढ़ाएं। यह सुनिश्चित करें कि सांस अंदर लेने और छोड़ने का समय लंबा और गहरा हो। यह अभ्यास एकाग्रता में सुधार करता है, नासिका मार्गों को साफ करता है, श्वसन प्रणाली को सशक्त बनाता है, और शरीर में प्राण ऊर्जा के प्रवाह को संतुलित करता है।

2. कपालभाति प्राणायाम (Kapalabhati Pranayama - Shining Skull Breathing):

पद्मासन, सुखासन, या स्वस्तिकासन में बैठें और शरीर को सीधा रखते हुए आंखें बंद करें। हाथों को ज्ञान मुद्रा में घुटनों पर रखें। पेट को अंदर खींचते हुए जोर से सांस बाहर छोड़ें (रेचक)। इसके बाद, पेट की मांसपेशियों को आराम दें और सांस को स्वाभाविक रूप से अंदर आने दें। इस प्रक्रिया को प्रति सेकंड एक बार सांस बाहर छोड़ने के रूप में दोहराएं।

शुरुआत में इस अभ्यास को 100 बार करें और हर सप्ताह 25 बार बढ़ाएं। स्वास्थ्य लाभ के लिए प्रतिदिन 400-500 बार करें। यह प्राणायाम फेफड़ों और साइनस को शुद्ध करता है, चयापचय (मेटाबॉलिज्म) को बढ़ाता है, पेट की मांसपेशियों को मजबूत बनाता है, और मन को स्फूर्ति व ऊर्जा प्रदान करता है।

3. भस्त्रिका प्राणायाम (Bhastrika Pranayama - Bellows Breath):

वज्रासन में बैठें, आंखें बंद करें और शरीर को सीधा रखें। दोनों हाथों को मुठ्ठी बनाकर घुटनों पर रखें। गहरी सांस लेते हुए दोनों हाथों को ऊपर उठाएं और मुठ्ठियां खोलें। सांस जोर से बाहर छोड़ते हुए, हाथों को घुटनों पर वापस लाएं और मुठ्ठियां फिर से बनाएं। इस प्रक्रिया को दोहराएं, शुरुआत में धीमी गति से और फिर धीरे-धीरे गति बढ़ाते हुए।

 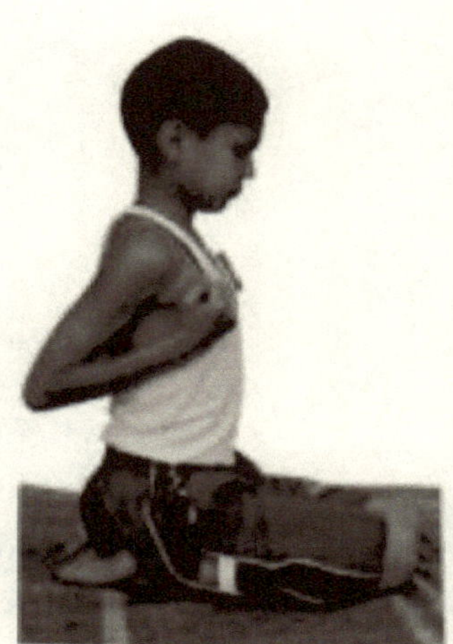

अभ्यास को 20–30 बार करें। यह प्राणायाम फेफड़ों की क्षमता बढ़ाने, शरीर में ऑक्सीजन की आपूर्ति में सुधार, श्वसन मार्गों को साफ करने और शरीर को ऊर्जा व स्फूर्ति प्रदान करने में सहायक है।

4. भ्रामरी प्राणायाम (Bhramari Pranayama - Bee Breathing):

पद्मासन या सुखासन में बैठें, शरीर को सीधा रखें, आंखें बंद करें और कंधों को ढीला छोड़ें। दोनों हाथों की तर्जनी उंगलियों से कानों को बंद करें। गहरी सांस लें और मुंह बंद रखें। सांस छोड़ते हुए मधुमक्खी की भनभनाहट जैसी ध्वनि (भ्रमर) निकालें। पूरी सांस छोड़ने तक यह प्रक्रिया जारी रखें।

अभ्यास कार्यक्रम (Practice Schedule):

सप्ताह 1: 1 पुनरावृत्ति (3 चक्र)।
सप्ताह 2: 2 पुनरावृत्तियां (6 चक्र)।
सप्ताह 3: 3 पुनरावृत्तियां (9 चक्र)।

लाभ (Benefits):

भ्रामरी प्राणायाम तनाव को कम करता है, एकाग्रता में सुधार करता है, गुस्सा और चिंता कम करता है, और नींद की गुणवत्ता बढ़ाता है।

नियमित अभ्यास के माध्यम से मानसिक स्पष्टता, शारीरिक ऊर्जा, और श्वास के साथ सामंजस्य स्थापित करने में सहायता मिलती है, जिससे शरीर और मन को संतुलित किया जा सकता है।

6

हस्त मुद्राएँ

कुछ हस्त मुद्राएँ स्वास्थ्य सुरक्षा के लिए

(Some Hasta Mudras for Health Protection)

हमारा शरीर पांच प्रमुख तत्वों से बना है: पृथ्वी, जल, अग्नि, वायु, और आकाश। इन तत्वों में असंतुलन विभिन्न रोगों का कारण बनता है। इन तत्वों को संतुलित रखकर, हम बीमारियों से बच सकते हैं और स्वस्थ जीवन जी सकते हैं। प्राचीन ऋषियों ने इन तत्वों को संतुलित करने के लिए मुद्राओं की खोज की। ये हस्त मुद्राएँ शरीर में हजारों नसों और नाड़ियों को उत्तेजित करती हैं, जिससे स्वास्थ्य और सौंदर्य में सुधार होता है।

मुद्राएँ करने के दौरान ध्यान रखें:

हमेशा ध्यानात्मक मुद्राओं जैसे पद्मासन, सिद्धासन, सुखासन, या वज्रासन में बैठें।

30 से 50 मिनट तक नियमित अभ्यास करें ताकि अधिकतम लाभ मिल सके।

अंगुलियाँ और तत्व (Fingers and Elements):

अंगूठा (Thumb): अग्नि तत्व

तर्जनी (Index Finger): वायु तत्व

मध्यमा (Middle Finger): आकाश तत्व

अनामिका (Ring Finger): पृथ्वी तत्व

कनिष्ठा (Little Finger): जल तत्व

प्रत्येक मुद्रा विशेष तत्वों को संतुलित करती है और शरीर में संतुलन बहाल करती है।

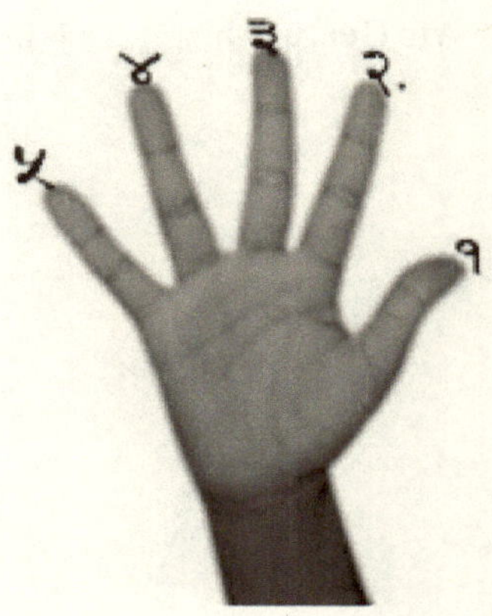

मुख्य मुद्राएँ, उनके तरीके और लाभ:

(आगे मुद्राओं की जानकारी दी जाएगी।)

1. ज्ञान मुद्रा (Jnana Mudra - Knowledge Gesture):

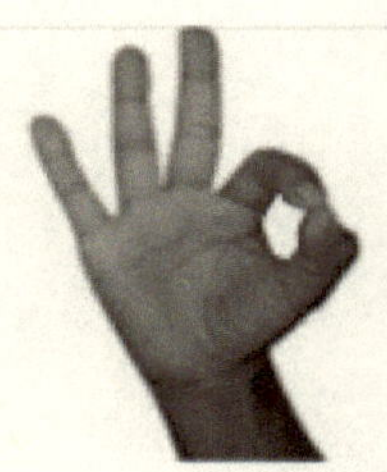

किसी भी ध्यानात्मक मुद्रा में बैठें, जैसे पद्मासन, सुखासन, या सिद्धासन। हाथों को घुटनों पर रखें और हथेलियां ऊपर की ओर रहें। अंगूठे और तर्जनी के सिरे को आपस में स्पर्श करें, जबकि शेष तीन अंगुलियों को सीधा रखें। यह मुद्रा मानसिक तनाव को कम करती है, स्मरण शक्ति और एकाग्रता को बढ़ाती है, आध्यात्मिक विकास को प्रोत्साहित करती है, और गुस्से को कम करने में मदद करती है।

2. वायु मुद्रा (Vayu Mudra - Air Gesture):

किसी ध्यानात्मक मुद्रा में बैठें, जैसे पद्मासन, सुखासन, या वज्रासन। तर्जनी अंगुली के सिरे को अंगूठे के आधार पर दबाएं और शेष तीन अंगुलियों को सीधा रखें। यह मुद्रा वायु तत्व को संतुलित करती है और गठिया, गर्दन के दर्द, रीढ़ की समस्याओं, तथा लकवे में लाभकारी होती है। इसके अलावा, यह सायटिका और वात रोगों से राहत प्रदान करने में भी मदद करती है।

3. वरुण मुद्रा (Varuna Mudra - Water Gesture):

किसी भी ध्यानात्मक मुद्रा में बैठें, जैसे पद्मासन, सुखासन, या सिद्धासन। अंगूठे और कनिष्ठा (छोटी अंगुली) के सिरे को आपस में स्पर्श करें और शेष तीन अंगुलियों को सीधा रखें। यह मुद्रा त्वचा को कोमल और चमकदार बनाती है, रक्त विकारों और डिहाइड्रेशन (निर्जलीकरण) का उपचार करती है, और खुरदुरी त्वचा को मुलायम करने में मदद करती है। हालांकि, यह कफ (जल प्रधान) प्रकृति वाले व्यक्तियों के लिए अनुशंसित नहीं है।

4. अपान वायु मुद्रा (Apana Vayu Mudra - Hridaya Mudra):

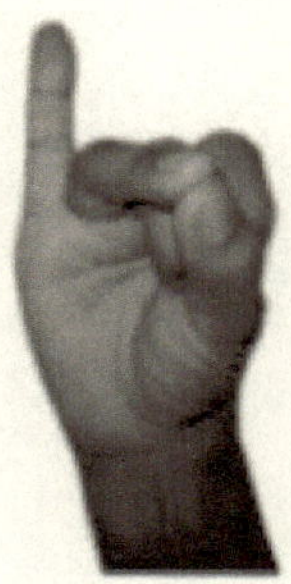

किसी भी ध्यानात्मक मुद्रा में बैठें, जैसे पद्मासन, सुखासन, या वज्रासन। तर्जनी और मध्यमा अंगुलियों के सिरे को अंगूठे के आधार पर दबाएं। साथ ही, अंगूठे और अनामिका अंगुली के सिरे को आपस में स्पर्श करें, जबकि कनिष्ठा (छोटी अंगुली) को सीधा रखें। यह मुद्रा दिल के दौरे के दौरान तुरंत राहत प्रदान करती है, हृदय रोगों की पुनरावृत्ति को रोकती है, और अस्थमा व उच्च रक्तचाप के लिए लाभकारी है। हृदय रोगों के लिए प्रभावी होने के कारण इसे "हृदय मुद्रा" भी कहा जाता है।

5. आकाश मुद्रा (Akasha Mudra - Sky Gesture):

किसी भी ध्यानात्मक मुद्रा में बैठें, जैसे पद्मासन, सुखासन, या वज्रासन। अंगूठे और मध्यमा (मध्य अंगुली) के सिरे को आपस में स्पर्श करें, जबकि शेष तीन अंगुलियों को सीधा रखें। यह मुद्रा कान संबंधी विकारों का उपचार करती है, हड्डियों को मजबूत बनाती है, और हृदय स्वास्थ्य में सहायक होती है। हालांकि, इसे भोजन करते समय या चलते समय करने से बचना चाहिए।

6. शून्य मुद्रा (Shunya Mudra - Zero Gesture):

आरामदायक स्थिति में बैठें, जैसे पद्मासन, सुखासन, या वज्रासन। मध्यमा (मध्य अंगुली) को मोड़कर अंगूठे के आधार से स्पर्श कराएं और शेष तीन अंगुलियों को सीधा रखें। यह मुद्रा कान संबंधी समस्याओं के लिए प्रभावी है, मसूड़ों को मजबूत करती है, और थायरॉइड ग्रंथि पर सकारात्मक प्रभाव डालती है।

7. पृथ्वी मुद्रा (Prithvi Mudra - Earth Gesture):

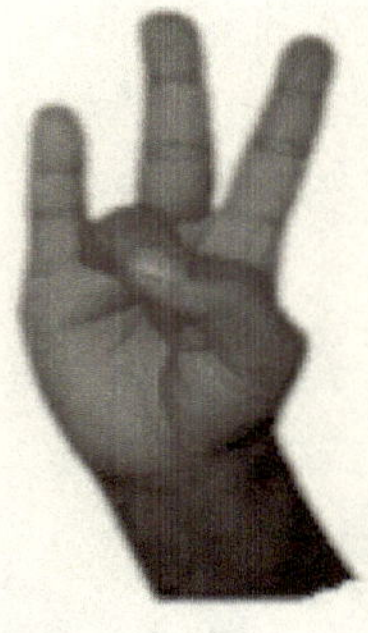

किसी ध्यानात्मक मुद्रा में बैठें, जैसे पद्मासन, सुखासन, या वज्रासन। अनामिका (रिंग फिंगर) के सिरे को अंगूठे के सिरे से स्पर्श करें और शेष तीन अंगुलियों को सीधा रखें। यह मुद्रा रक्त कोलेस्ट्रॉल को कम करने में सहायक है, मधुमेह और यकृत (लिवर) विकारों का

प्रबंधन करती है, शरीर की गर्मी बढ़ाती है, और संतुलन बनाए रखने में मदद करती है।

8. प्राण मुद्रा (Prana Mudra - Vital Energy Gesture):

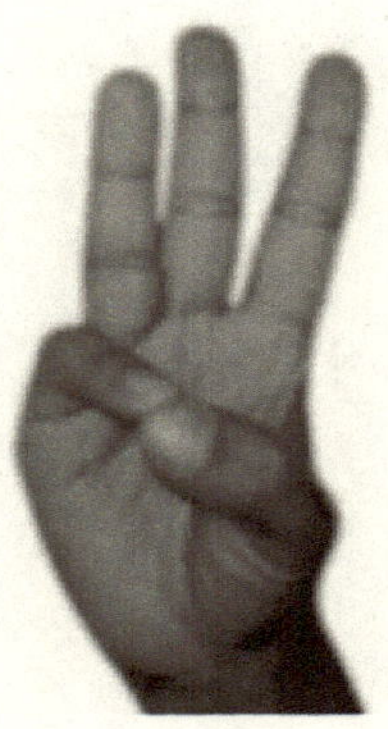

ध्यानात्मक मुद्रा में बैठें, जैसे पद्मासन, सुखासन, या वज्रासन। अंगूठे, कनिष्ठा (छोटी अंगुली), और अनामिका (रिंग फिंगर) के सिरे को आपस में स्पर्श करें, जबकि शेष दो अंगुलियों को सीधा रखें। यह मुद्रा रोग प्रतिरोधक क्षमता बढ़ाती है, शरीर को ऊर्जा प्रदान करती है, और उपवास के दौरान भूख और प्यास को नियंत्रित करने में सहायक होती है। इसके अतिरिक्त, यह मन को शांति प्रदान करती है।

9. सूर्य मुद्रा (Surya Mudra - Sun Gesture):

वज्रासन में बैठें। अनामिका (रिंग फिंगर) को मोड़कर अंगूठे के आधार से स्पर्श कराएं, अंगूठे

को सीधा रखें, और शेष अंगुलियों को सीधा रखें। यह मुद्रा शरीर की गर्मी बढ़ाती है और सर्दी, अस्थमा, तथा निम्न रक्तचाप में प्रभावी है। यह कफ को साफ करने में भी सहायक है। हालांकि, इस मुद्रा का अभ्यास एक बार में 15 मिनट से अधिक न करें और दोहराने से पहले कम से कम 30 मिनट का अंतराल रखें। इसके साथ ही, आहार में रसदार फल, दूध, और घी शामिल करने की सलाह दी जाती है।

नियमित अभ्यास से लाभ:

इन मुद्राओं को समझकर और नियमित रूप से अभ्यास करके, आप पांच तत्वों को संतुलित कर सकते हैं, स्वास्थ्य की रक्षा कर सकते हैं, और एक संतुलित जीवन जी सकते हैं।

7

त्राटक एवं ध्यान

1. बिंदु त्राटक:

सफेद कागज के बीच में एक छोटा सा काला बिंदु बनाकर उसे दीवार पर चिपकाएं ताकि आंखें सीधी रहें। दीवार से लगभग 2 हाथ (36 इंच) की दूरी पर आसन लगाकर पद्मासन या किसी ध्यान मुद्रा में बैठें। सबसे पहले आंखें खोलें और दीवार पर बने बिंदु को ध्यानपूर्वक देखें। शुरुआत में आंखों में आंसू आ सकते हैं और जलन महसूस हो सकती है। जब तक संभव हो, बिंदु को देखें। 2-3 मिनट के बाद आंखें बंद कर लें और आंतरिक दृष्टि से उस बिंदु को देखें। इसे आंतरिक त्राटक कहते हैं। इसके बाद धीरे-धीरे आंखें खोलें और फिर बिंदु को देखें। कुछ समय ऐसा करने के बाद दोबारा आंखें बंद करें और गहरी सांस लें। यह अभ्यास आंखों को स्थिरता और मन को एकाग्रता प्रदान करता है।

2. ज्योति त्राटक:

वायु रहित कमरे में गाय के घी का दीपक जलाएं और इसे इस तरह रखें कि लौ आंखों के सीध में हो। दीपक से 2 हाथ (36 इंच) की दूरी पर आसन लगाकर पद्मासन या किसी ध्यानात्मक मुद्रा में बैठें। शरीर को सीधा रखें, दोनों हाथ घुटनों पर रखें, और ज्ञान मुद्रा में रहें। कुछ क्षण आंखें बंद रखें, फिर धीरे-धीरे आंखें खोलें और लौ की नोक पर बिना पलक झपकाए ध्यान केंद्रित करें। प्रारंभ में आंखों से आंसू आ सकते हैं। यदि दर्द या असुविधा महसूस हो, तो आंखें बंद कर लें और उस प्रकाश को आंतरिक दृष्टि से देखें। इसे मन, बुद्धि और चित्त से गहराई से अनुभव करें। कुछ समय बाद धीरे-धीरे आंखें खोलें और यह प्रक्रिया दोहराएं। नियमित अभ्यास से इसे घंटों तक किया जा सकता है।

यह अभ्यास आंखों के लिए अत्यंत लाभकारी है और रोशनी बढ़ाने में सहायक है। मन को स्थिर और दृढ़ बनाता है, जिससे ध्यान लगाना आसान हो जाता है। यह ध्यान का प्रारंभिक

चरण है, जो विद्यार्थियों के लिए अत्यंत महत्वपूर्ण है। इससे मन एकाग्र होता है और स्मरण शक्ति में वृद्धि होती है।

~

ध्यान (*Meditation*)

जब हम इस संसार में आए, अपनी माँ के गर्भ में नौ महीने बिताने के बाद, हमारा पहला कार्य सांस लेना था। यह सांस ही जीवन का प्रतीक है—इसके निरंतर चलने से हमारा अस्तित्व बना रहता है, और इसके रुकने से जीवन समाप्त हो जाता है। लेकिन, इस जीवनदायिनी प्रक्रिया के प्रति हम कितने जागरूक हैं? क्या हम अपनी सांस की लय के साथ गहराई से जुड़ते हैं?

ध्यान (Meditation) इस जागरूकता को विकसित करने का एक मार्ग है। यह बाहरी चेतना को आंतरिक ध्यान में बदलने की कला है—अपने भीतर की यात्रा। ध्यान के माध्यम से, हम मन की निरंतर चहकती आवाज़ को शांत करने, और विचारों व विकर्षणों की धारा से मुक्ति पाने का प्रयास करते हैं।

अपनी उथल-पुथल भरी सोच से सांस की स्थिर लय की ओर ध्यान केंद्रित करने से मन स्वाभाविक रूप से शांत हो जाता है। यह अभ्यास हमें गहरी शांति और स्पष्टता का अनुभव कराता है। समय के साथ, यह वर्तमान क्षण के प्रति गहरा संबंध विकसित करता है और दैनिक जीवन के शोरगुल से परे एक आंतरिक शांति को पोषित करता है।

महर्षि पतंजलि ने ध्यान को परिभाषित किया:

"योगश्चित्तवृत्तिनिरोधः" अर्थात् योग मन की वृत्तियों को रोकने की क्रिया है।

ध्यान से चेतन, अवचेतन और अचेतन मन को स्थिर किया जा सकता है, जिससे गहन शांति और ध्यान की स्थिति प्राप्त होती है। यह मानसिक संतुलन प्रदान करता है, जो सांसारिक सुख-दुख से परे होता है।

प्राचीन ऋषियों ने ध्यान के लाभों को बताया था, जिसे आधुनिक विज्ञान ने भी प्रमाणित किया है। उदाहरण के लिए, ध्यान मस्तिष्क में अल्फा तरंगों को बढ़ावा देता है, जिससे आंतरिक शांति और आनंद की अनुभूति होती है।

ध्यान के कई प्रकार हैं:

ध्यान के कई प्रकार हैं, जिनमें से प्रत्येक का उद्देश्य मन को शांति, एकाग्रता, और आंतरिक संतुलन प्रदान करना है। सांस ध्यान (Breathing Meditation) में, साधक अपनी सांसों पर ध्यान केंद्रित करता है। यह मन को वर्तमान क्षण में लाने और तनाव को कम करने का प्रभावी तरीका है। चक्र ध्यान (Chakra Meditation) शरीर के ऊर्जा केंद्रों, जिन्हें चक्र कहते हैं, पर ध्यान केंद्रित करता है। यह मानसिक और शारीरिक संतुलन स्थापित करने में सहायक होता है। विपश्यना ध्यान (Vipassana Meditation) आत्मनिरीक्षण और सत्य की खोज का अभ्यास है, जिसमें साधक अपने विचारों, भावनाओं, और शारीरिक संवेदनाओं का अवलोकन करता है। ये सभी ध्यान विधियां व्यक्ति को आंतरिक शांति और समग्र कल्याण की ओर ले जाती हैं।

1. सांस ध्यान (Breathing Meditation):

एक आरामदायक मुद्रा में बैठें, जैसे पद्मासन या सुखासन। शरीर को सीधा रखें और आंखें बंद कर लें। ध्यान को केवल अपनी सांस पर केंद्रित करें और महसूस करें कि सांस नथुनों से अंदर और बाहर जाती है। सांस की प्राकृतिक लय को बिना किसी नियंत्रण या रोक-टोक के ध्यानपूर्वक देखें। इसे निष्पक्षता और शांति के साथ महसूस करें।

अभ्यास की शुरुआत में इसे पांच मिनट तक करें और हर पांच दिन में समय को पांच मिनट तक बढ़ाएं। नियमित अभ्यास के साथ, आप ध्यान की अवधि को धीरे-धीरे घंटों तक बढ़ा सकते हैं। सांस ध्यान मन को शांति प्रदान करता है, एकाग्रता बढ़ाता है, और आंतरिक

संतुलन स्थापित करता है।

2. मन ध्यान (Mind Meditation):

विधि (Method):

किसी भी ध्यानात्मक मुद्रा में आराम से बैठें, रीढ़ को सीधा रखें और आंखें बंद करें। अपने मन को जहां जाना चाहे, जाने दें—उसे नियंत्रित करने या बाधित करने का प्रयास न करें। अपने विचारों को बिना किसी निर्णय या हस्तक्षेप के देखें। अतीत, वर्तमान, और भविष्य के विचारों को स्वतंत्र रूप से प्रवाहित होने दें।

अभ्यास का विवरण (Detailed Practice):

अपने ध्यान को भीतर की ओर केंद्रित करें और अपने हृदय पर ध्यान दें। मन की गति और उसकी दिशा को देखें, लेकिन उसे बाधित न करें। विचारों को स्वाभाविक रूप से प्रवाहित होने दें, चाहे वे अतीत में भटकें, वर्तमान में रुकें, या भविष्य की कल्पना करें। उन्हें निष्पक्ष रूप से देखें—बिना हस्तक्षेप, निर्णय, या प्रतिक्रिया के।

विचारों के प्रति दृष्टिकोण (Approach to Thoughts):

अपने विचारों और भावनाओं को आगंतुक मानें, उन्हें पहचानें लेकिन स्वतंत्र रूप से आने और जाने दें। मन चाहे सुखद स्थानों पर जाए या दुखद, उसके प्रति न लगाव रखें और न ही विरोध करें। केवल एक साक्षी बनें।

लाभ (Benefits):

इस गैर-हस्तक्षेप के अभ्यास से अधूरी इच्छाएं और असंतोष धीरे-धीरे कम होने लगते हैं। यह ध्यान तनाव, चिंता, और अवसाद को दूर करता है, जिससे मन हल्का, शांत, और स्वतंत्र महसूस करता है। यह भावनात्मक कल्याण को पोषित करता है और लंबे समय तक तनाव व आंतरिक अशांति से होने वाले मानसिक व शारीरिक रोगों से बचाता है।

ट्राटक और ध्यान का समन्वय (Trataka and Meditation):

ट्राटक और ध्यान का समन्वय मानसिक एकाग्रता, भावनात्मक स्थिरता, और आध्यात्मिक विकास के लिए एक व्यापक और गहन अभ्यास प्रदान करता है। ट्राटक, जो दृष्टि और ध्यान केंद्रित करने की शक्ति को बढ़ाता है, और ध्यान, जो मन को शांति और स्थिरता प्रदान करता है, मिलकर आंतरिक संतुलन को प्रोत्साहित करते हैं।

इन दोनों का प्रभाव केवल शारीरिक और मानसिक स्वास्थ्य तक सीमित नहीं रहता; यह आत्मा के साथ गहरा संबंध स्थापित करने और आंतरिक जागरूकता को विकसित करने में सहायक होता है। यह अभ्यास व्यक्ति को आत्मनिरीक्षण और आत्म-विकास के मार्ग पर ले जाता है, जिससे मन, शरीर, और आत्मा का एक संपूर्ण और संतुलित विकास होता है।

8

भोजन और इसका महत्व

हमारे शरीर के लिए आहार का महत्व

हम जो भोजन मुंह से ग्रहण करते हैं, वह पेट में जाकर पचता है और रस से लेकर वीर्य तक शरीर की सभी सप्तधातुओं का पोषण करता है। इससे शरीर मजबूत रहता है, जीवन शक्ति सक्रिय होती है, और हमें बीमारियों से लड़ने की क्षमता मिलती है, जिससे हम स्वस्थ रहते हैं। आहार के माध्यम से हमारे शरीर में चोट, बीमारी, या अन्य कारणों से हुई क्षति और कमियों की भरपाई होती है, जिससे शरीर निरंतर स्वस्थ बना रहता है। यही कारण है कि आहार हमारे शरीर की सबसे महत्वपूर्ण आवश्यकता है।

आहार का आयुर्वेदिक महत्व

आयुर्वेद ने शरीर विज्ञान के आधार पर यह वैज्ञानिक रूप से स्पष्ट किया है कि मानव शरीर की संरचना, रोग और स्वास्थ्य, तथा शरीर पर रोगों के प्रभाव, सब आहार पर निर्भर करते हैं। जैसा कि चरक संहिता में कहा गया है:

"आहारप्रभवो यस्तु रोगश्चाहारसंभवा"

अर्थात, भोजन शरीर का आधार है, और रोग भी आहार से उत्पन्न हो सकते हैं।

दर्शन और उपनिषदों में भी कहा गया है कि इस संसार के प्राणियों की उत्पत्ति अन्न से हुई है। गीता में उल्लेख है:

"अन्नाद भवन्ति भूतानि"

अर्थात, सभी प्राणी अन्न से उत्पन्न होते हैं। यहां 'अन्न' का अर्थ केवल दाल और रोटी तक सीमित नहीं है, बल्कि उसमें खाना, पीना, चाटना और चूसना, सभी शामिल हैं।

यदि आहार का उपयोग विधिपूर्वक न हो या वह असंतुलित और अनुचित हो, तो यह रोग और विनाश का कारण बनता है। दूसरे शब्दों में, सृष्टि का कारण विनाश का भी कारण हो सकता है। इसलिए उचित और पौष्टिक आहार का सेवन बहुत आवश्यक है।

स्वस्थ जीवन के लिए आहार का महत्व

आयुर्वेद का मानना है कि जो लोग पौष्टिक और संतुलित आहार लेते हैं, वे आहार संबंधी बीमारियों से मुक्त रहते हैं। चरक संहिता में भी कहा गया है:

न हिताहारोपयोगीनाम् तन्निमित्ता व्याधयो जायन्ते...

यदि खान-पान की सही आदतें अपनाई जाएं, तो शरीर की शक्ति, गति, वजन, सुंदरता आदि बनी रहती है, और मन व शरीर दोनों स्वस्थ रहते हैं। इससे व्यक्ति हर कार्य करने में सक्षम बनता है। हमारा पहला उद्देश्य बीमारियों से बचाव होना चाहिए। किसी भी बीमारी को संकट मानते हुए, उसके समाधान के लिए तुरंत कदम उठाने चाहिए।

भोजन केवल बीमारियों से बचाने के लिए ही नहीं, बल्कि उन्हें ठीक करने में भी उतना ही महत्वपूर्ण और प्रभावी है। आयुर्वेद कहता है कि:

न चाहारसमं किञ्चिद्भैषज्यमुपलभ्यते ।
शक्यतेद्रप्प्यन्नमात्रेण नरः कर्तुं निरामयः ॥

"आहार ही औषधि है।"

अर्थात, ऐसी कोई औषधि नहीं है जो भोजन के बराबर हो। उचित भोजन के माध्यम से अकेले ही मनुष्य को स्वस्थ बनाना संभव है।

आहारः जीवन का आधार और औषधि

दूसरे शब्दों में, आहार के समान महत्वपूर्ण औषधि इस संसार में कोई और नहीं है। भोजन के

महत्व के कारण ही यह संभव है कि केवल उचित आहार से सभी प्रकार के रोग दूर हो सकते हैं। लेकिन आहार से लाभ तभी संभव है जब इसके नियमों का पालन सख्ती से किया जाए। जहां नियम टूटते हैं, वहां अव्यवस्था उत्पन्न होती है, और परिणामस्वरूप कार्य विफल हो जाते हैं।

आज अधिकांश लोग किसी न किसी बीमारी से पीड़ित हैं, जिससे सामान्य कार्य भी कठिन हो गए हैं। इसका प्रमुख कारण है भोजन के सही नियमों का पालन न करना। लोग विवेक त्यागकर दिखावे और मनमर्जी के अनुसार आहार लेते हैं। हृदय की इच्छाओं के पीछे भागने और असंतुलित भोजन करने का परिणाम यह होता है कि व्यक्ति अंततः ऐसे गड्ढे में गिर जाता है, जहां से निकलना मुश्किल हो जाता है।

आहार बनाम औषधि:

आजकल हर गतिविधि औषधि पर निर्भर हो गई है। लोग बीमारियों से बचने के लिए दवाइयों का सहारा लेते हैं, लेकिन औषधियों से केवल अस्थायी राहत मिलती है। आयुर्वेद के अनुसार:

विनापि भेषजैव्याधिः पथ्यादेव निवर्तते।
न तु पथ्यविहीनस्य भेषजानां शतैरपि ॥

अर्थात, औषधि और भोजन दोनों ही स्वास्थ्य का आधार हैं, लेकिन भोजन के बिना औषधि व्यर्थ है।

स्वास्थ्य कोई ऐसी वस्तु नहीं जिसे खरीदा जा सके; यह संतुलित आहार और सही जीवनशैली से ही प्राप्त होता है। दवा के बिना भी उचित आहार से जैविक रोग ठीक हो सकते हैं। इसके विपरीत, अगर आहार और जीवनशैली के नियमों का पालन नहीं किया जाए, तो सैकड़ों औषधियां भी काम नहीं आतीं।

तात्पर्य:

यदि केवल हितकारी और पौष्टिक आहार लिया जाए, तो औषधि की आवश्यकता नहीं पड़ेगी। लेकिन यदि मन की इच्छा से, बिना सोचे-समझे, अनुचित आहार का सेवन किया

जाए, तो औषधियां भी प्रभावी नहीं होंगी। इससे स्पष्ट है कि बीमारी का स्थायी इलाज दवा से नहीं, बल्कि उचित और संतुलित आहार से होता है।

रसोईघर का महत्व और सही व्यवस्था

घर के पूर्व-दक्षिण (आग्नेय) कोण में रसोईघर बनाना सर्वोत्तम माना जाता है। भोजन बनाते समय पूर्व दिशा की ओर मुख करना शुभ होता है। उत्तर और पश्चिम दिशा की ओर मुख करके भोजन बनाने से बचना चाहिए, क्योंकि इससे धन और स्वास्थ्य की हानि हो सकती है। रसोईघर हवादार, प्रकाशयुक्त, स्वच्छ, सुंदर और स्वास्थ्यकर होना चाहिए।

भोजन बनाने वाले व्यक्ति के गुण

भोजन बनाने वाला व्यक्ति विनम्र, प्रेमपूर्ण, सहनशील, स्वस्थ, और मृदुभाषी होना चाहिए। उसे क्रोध, ईर्ष्या, कामुकता, और चिंता जैसे नकारात्मक भावों से दूर रहना चाहिए। यदि भोजन बनाने वाला व्यक्ति इन नकारात्मक भावनाओं से युक्त होगा, तो वही भावनाएं भोजन करने वाले पर प्रभाव डालेंगी।

भोजन और विचारों का प्रभाव

खाना बनाते समय खाना बनाने वाले व्यक्ति के विचार और भावनाएं भोजन में प्रवाहित होती हैं, जो बाद में भोजन करने वाले व्यक्ति में प्रवेश करती हैं। यह प्रभाव सूक्ष्म होता है और आँखों से नहीं देखा जा सकता, लेकिन अनुभव से इसे समझा जा सकता है। इसीलिए, भोजन को पवित्रता और सकारात्मकता के साथ बनाना चाहिए, ताकि यह शरीर और मन दोनों के लिए लाभकारी हो।

खाने का सही ढंग

भोजन करते समय दुखी मन, अत्यधिक भूख, रुचिहीनता, क्रोध, प्यास, या पेट दर्द जैसी स्थितियों में खाना नहीं खाना चाहिए। शौच के समय, बीमार अवस्था में, अशुद्ध या गंदे स्थानों पर, टूटे हुए बर्तनों में, या शाम को भोजन करने से बचना चाहिए। खाना आराम से, शांत माहौल में और शिष्टाचार के साथ करना सबसे अच्छा है। डाइनिंग टेबल पर भोजन करते समय जूते-चप्पल उतारकर नंगे पैर खाना शुभ माना जाता है। भोजन करते समय कटु वचन न बोलें, दोषारोपण न करें, और एक-दूसरे को न छुएं। बहुत गर्म, ठंडा, अधिक

पीला, कड़वा, नमकीन, तीखा, मसालेदार, अर्ध-पका, खराब, बदबूदार, बासी, या फफूंदयुक्त भोजन का सेवन न करें। एक ही थाली, कटोरी, या गिलास में दो व्यक्तियों को भोजन या पेय नहीं लेना चाहिए। सोते समय भोजन न करें, और सक्षम व्यक्तियों को दूसरों के हाथ से भोजन नहीं लेना चाहिए। दूध को तांबे के बर्तन में न रखें और नमकीन दूध का सेवन न करें। पीतल या तांबे के बर्तन में अम्लीय पदार्थ रखना भी वर्जित है।

भोजन की शुद्धता

भोजन को तीन श्रेणियों में विभाजित किया गया है: सात्विक, राजसिक, और तामसिक। सात्विक भोजन मधुर, संतुलित और पोषक होता है, जिससे आयु, बल, उत्साह, स्वास्थ्य, सुख, और प्रेम बढ़ता है। यह मन में सत्त्वगुण को प्रबल करता है और आध्यात्मिक उन्नति में सहायक होता है। इसके विपरीत, राजसिक भोजन, जो बहुत कड़वा, खट्टा, नमकीन, गर्म, तीखा, और जलन पैदा करने वाला होता है, दुख, शोक, और रोग उत्पन्न करता है। तामसिक भोजन, जो बासी, दुर्गंधयुक्त, फफूंदयुक्त, और अशुद्ध होता है, जड़ता, अज्ञान, बुरे रोग, और पाशविक आचरण को बढ़ावा देता है। इसलिए, राजसिक और तामसिक भोजन से बचना चाहिए और सात्विक आहार को प्राथमिकता देनी चाहिए।

भोजन की शुद्धता का सीधा संबंध इसे छूने और देखने वाले व्यक्ति की वृत्ति से है। वैदिक शास्त्रों के अनुसार, अपवित्र, दुराचारी, या अमंगलकारी व्यक्तियों द्वारा देखा या छुआ गया भोजन वर्जित है। जैसे, रजस्वला स्त्री, पक्षी, कुत्ता, या गाय द्वारा छुआ गया भोजन, या खमीर युक्त, अपमानित, और दूषित भोजन स्वास्थ्य और मन पर नकारात्मक प्रभाव डालता है। भोजन ग्रहण करते समय सकारात्मक दृष्टिकोण और विचार रखने चाहिए, क्योंकि अच्छे और बुरे दृष्टिकोण का गहरा प्रभाव पड़ता है। इसी कारण भोजन के समय वैदिक मंत्रों का उच्चारण और उनके अर्थ पर ध्यान केंद्रित करना शुभ और लाभकारी माना गया है।

अन्नं ब्रह्मा रसो विष्णुर्भोक्ता देवो महेश्वरः ।
इति संचिन्त्य भुञ्जानं दृष्टिदोषो न बाधते ॥
अञ्जनिगर्भसम्भूतं कुमारं ब्रह्मचारिणम् ।
दृष्टिदोषविनाशाय हनुमन्तं स्मराम्यहम् ॥

अन्न को ब्रह्म का स्वरूप माना गया है। अन्न का रस विष्णु स्वरूप है, और इसे ग्रहण करने

वाला महेश्वर है। भोजन करते समय इस प्रकार सोचने से भोजन का महत्व समझ में आता है और दृष्टि दोष जैसी समस्याएं दूर रहती हैं। मुझे अंजनी कुमार, दृष्टिबाधित ब्रह्मचारी हनुमान का स्मरण होता है, जिनका यह दृष्टिकोण प्रेरणादायक है।

भोजन तैयार होने के बाद उसमें पांच-सात तुलसी के पत्ते डालकर भगवान को अर्पित करना चाहिए। यह माना जाता है कि भगवान को भोग लगाने के लिए बनाया गया भोजन सच्चे मन और पवित्रता से तैयार किया जाता है। प्रतिदिन भगवान को भोग लगाकर ही भोजन करने की परंपरा इसीलिए महत्वपूर्ण है।

तुलसी का विशेष महत्व न केवल धार्मिक बल्कि वैज्ञानिक रूप से भी स्थापित है। तुलसी के संपर्क से भोजन की विषाक्तता समाप्त हो जाती है। पूर्वी दर्शन के अनुसार:

"तुलसी की पत्तियों के संपर्क से भोजन विषमुक्त होता है।"

नियमित भोजन में तुलसी का सेवन करने से कैंसर जैसी घातक बीमारियों की संभावना कम हो जाती है और पाचन तंत्र मजबूत होता है।

आयुष्यं प्राङ्मुखो भुङ्क्ते यशस्यं दक्षिणामुखः (मनुस्मृति)

पूर्व की ओर मुख करने वाला जीवन का आनंद लेता है और दक्षिण की ओर मुख करने वाला प्रसिद्धि का आनंद लेता है (मनुस्मृति)

अर्थात् जिन्हें जीवन चाहिए उन्हें पूर्व दिशा की ओर तथा जिन्हें यश चाहिए उन्हें दक्षिण दिशा की ओर मुख करना चाहिए। प्राण और शक्ति का उदय पूर्व दिशा से होता है। सूर्य देव जीवन के रूप में पूर्व से उगते हैं। पूर्वी विद्युत धारा निरन्तर पश्चिम की ओर बहती रहती है। इस प्रवाह के कारण हमारी जठराग्नि बढ़ती है। भोजन ठीक से पचने पर रस, रक्त, मांस, मज्जा, हड्डी, चर्बी और स्त्रियों में वीर्य तथा पुरुषों में वीर्य अवरुद्ध हो जाता है। और हम मजबूत और स्वस्थ्य बनते हैं। अतः भोजन करते समय पूर्व दिशा की ओर मुख करना सर्वोत्तम है, ऋषियों ने कहा है -

पञ्चार्द्रो भोजनं कुर्यात् प्राङ्मुखो मौनमास्थितः ।
हस्तौ पादौ तथैवास्यमेषा पञ्चार्द्रता मताः ॥

सुबह पांच बजे पूर्व दिशा की ओर मुख करके मौन रहकर भोजन करना चाहिए। हाथ, पैर और मुंह नमी के पांच प्रकार माने गए हैं|

अर्थात दोनों हाथ-पैर और मुंह धोकर पूर्व दिशा की ओर मुख करके चुपचाप भोजन करें। स्वर विज्ञान में लोगों की स्वाभाविक श्वास गति 12 अंगुल बताई गई है। लेकिन खाना खाते वक्त 20 उंगलियां होती हैं. यदि श्वास की गति अधिक हो तो जीवन प्रत्याशा कम हो जाती है और यदि श्वास की गति कम हो तो जीवन प्रत्याशा बढ़ जाती है। लालच से खाने और बिना हाथ-पैर धोए खाने से सांस लेने की गति बढ़ जाती है। इसलिए हमारे ऋषि-मुनियों का निर्देश है-

आर्द्रपादस्तु भुञ्जीत नार्द्रपादस्तु संविशेत् ।
आर्द्रपादस्तु भुञ्जानो दीर्घमायुरवाप्नुयात् ॥

गीले पैरों से भोजन करना चाहिए, लेकिन गीले पैरों से नहीं सोना चाहिए। अगर कोई भीगे पैर से खाना खाता है तो उसकी उम्र लंबी होती है।

यानी ठंडे पैरों से खाना तो खाना, लेकिन सोना नहीं। पैर धोकर भोजन करने से आयु बढ़ती है और सोने से आयु घटती है। भोजन करते समय मौन रहना चाहिए क्योंकि भोजन करते समय बोलने से लार कम बनती है। मुँह सूख गया है. इस वजह से आपको बीच-बीच में पानी पीना पड़ता है। भोजन करते समय पानी न पियें। अगर आप पानी पीते हैं तो जी मिचलाने के कारण पाचन क्रिया कमजोर हो जाती है। आप खाना खाने से आधा घंटा पहले और एक घंटा बाद ही पानी पी सकते हैं। लेकिन आपको भोजन करते समय पर्याप्त मात्रा में मोही खाना चाहिए। मोही में पाचन शक्ति होती है. यह भोजन को अच्छे से पचाता है। यदि हम इस मोही को शिकायत बनाकर भोजन के साथ प्रयोग करते हैं तो हमें कभी भी पेट की बीमारियाँ नहीं होती हैं। खाने के समय दही के एक भाग में तीन भाग पानी मिलाकर अच्छी तरह मिला लें और इसमें स्वादानुसार भुना जीरा पाउडर, भुना जीरा पाउडर और बीरेनुन मिला लें. आयुर्वेद में मोही का महत्व इस प्रकार बताया गया है-

भोजनान्ते पिबेत तक्रं वैद्यस्य किं प्रयोजनम ।

यदि कोई भोजन के अंत में शराब पी ले तो डॉक्टर का क्या उपयोग?

यानी कि अगर आप भोजन के अंत में मोही पीते हैं तो दवा की कोई जरूरत नहीं है। अगर बीमारी नहीं है तो दवा और डॉक्टर की कोई जरूरत नहीं है.

भोजन का सही तरीका और नैतिकता का महत्व

भोजन करते समय इसे चुपचाप, प्रसन्न मन से और खूब चबा-चबाकर करना चाहिए। आयुर्वेद के अनुसार, हर निवाले को लगभग बत्तीस बार चबाना चाहिए। बिना चबाए खाना खाने से दांत कमजोर हो जाते हैं और पाचन तंत्र प्रभावित होता है। दांतों का काम ठीक से न होने पर पाचन के लिए आंतों पर अतिरिक्त भार पड़ता है, जिससे आंतें कमजोर हो जाती हैं। ठोस पदार्थों को जितना हो सके, चबा-चबाकर खाने से भोजन आसानी से पचता है और पेट से संबंधित रोगों से बचाव होता है।

भोजन करने से पहले नाश्ते और भोजन के बीच कम से कम दो घंटे का अंतर रखना चाहिए। भोजन हमेशा शांत, एकाग्र और सकारात्मक मनःस्थिति में करना चाहिए। अधर्म, अनैतिकता, और दूसरों को कष्ट देकर कमाए गए धन से बना भोजन शरीर और मन पर नकारात्मक प्रभाव डालता है। वैदिक शास्त्रों के अनुसार, पाप से अर्जित अन्न खाने से न केवल शरीर दूषित होता है, बल्कि बुद्धि भी भ्रष्ट हो जाती है।

उदाहरण के लिए, भीष्म पितामह जैसे सत्यवादी और कर्तव्यनिष्ठ व्यक्ति ने दुर्योधन का पाप अर्जित अन्न स्वीकार कर लिया, जिससे उनकी बुद्धि विचलित हो गई। यही कारण था कि द्रौपदी के चीरहरण के समय वे मौन रहे। यदि इतने महान व्यक्ति पर इसका असर हो सकता है, तो साधारण व्यक्तियों की स्थिति की कल्पना की जा सकती है।

वैदिक शास्त्रों में आहार के विषय में कहा गया है कि शुद्ध और पवित्र अन्न शरीर और मन दोनों के लिए कल्याणकारी होता है, जबकि अशुद्ध अन्न विनाश का कारण बनता है।

वैदिक शास्त्रों में आहार के संबंध में एक कथन है:

जब भोजन शुद्ध होता है, तो सत्व गुण की शुद्धि होती है। सत्व की शुद्धि से मन स्वच्छ और स्थिर हो जाता है। जब मन शुद्ध और स्थिर होता है, तो व्यक्ति को अचल स्मृति प्राप्त

होती है। स्मृति की इस स्थिरता से सभी बंधनों से मुक्ति प्राप्त होती है।

आहारशुद्धौ सत्वशुद्धिः सत्वशुद्धौ ध्रुवा स्मृतिः
स्मृतिलम्भे सर्वग्रन्थीनां विप्रमोक्षः ।

दूसरे शब्दों में, आहार की शुद्धता से सत्व की शुद्धि होती है, और सत्व की शुद्धि से व्यक्ति की मानसिक और आत्मिक उन्नति होती है। आयुर्वेद भी कहता है कि भोजन का सेवन संयम और विवेक के साथ करना चाहिए।

पेट को संतुलित रूप से भरें:

कुक्षेर्भागद्वयं भोज्यैस्तृतीयं वारि पूरयेत् ।
वायोः सञ्चारणार्थाय चतुर्थमेवशेषयेत् ॥

पेट के दो हिस्से को भोजन से भरना चाहिए, एक तिहाई हिस्से को पानी के लिए रखना चाहिए, और चौथा हिस्सा वायु संचार के लिए खाली छोड़ना चाहिए। इस प्रकार के संतुलन से जीवन प्रत्याशा बढ़ती है और रोगों का नाश होता है।

भोजन का क्रम:

अश्नीयात्तन्मना भूत्वा पूर्वं तु मधुरं रसम् ।
मध्येऽम्ललवणौ पश्चात्कटुतित्तकषायकान् ॥
फलान्यादौ समश्नीयादाडीमादीनि बुद्धिमान् ।
विना मोचफलं तददर्जनोया च कर्कटी ॥

भोजन का क्रम भी स्वास्थ्य पर प्रभाव डालता है। सबसे पहले मीठा स्वाद लेना चाहिए, फिर अम्लीय और नमकीन स्दार्थ खाना चाहिए। इसके बाद तीखा, कड़वा, और क्षारीय पदार्थ खाने चाहिए। भोजन से पहले अनार जैसे फलों का सेवन करना लाभकारी है, लेकिन केला

या खीरा जैसे फल भोजन से पहले नहीं खाने चाहिए।

घी और भोजन का संतुलनः

घृतपूर्वं समश्नीयात्कठिनं प्राक्ततो मृदु ।
अन्ते पुनर्द्रबाशो तु चलाद्रोगेण सञ्चति ॥

घी में बना हुआ नरम और कठोर भोजन संतुलित रूप से खाना चाहिए। भोजन का क्रम भी महत्वपूर्ण है। सबसे पहले घी, फिर दाल और रोटी, उसके बाद चावल और सब्जी, और अंत में दही या तक्र का सेवन करना चाहिए।

भोजन के अंत में तक्रः

भोजन के बाद एक लीटर पानी में एक पाव दही मिलाकर तक्र तैयार करना चाहिए और इसका सेवन करना चाहिए। यह पाचन में सहायता करता है और शरीर को स्वस्थ बनाए रखता है। इस प्रकार का व्यवस्थित और संतुलित आहार न केवल शरीर को पोषण प्रदान करता है, बल्कि मानसिक और आत्मिक शुद्धि का भी माध्यम बनता है।

पूर्वी धर्मग्रंथों में खाद्य विज्ञान के बारे में यही कहा गया है:

भुक्त्वोपविशतस्तन्द्रा शयानस्य तु पुष्टता ।
आयुश्चंक्रममाणस्य मृत्युर्धावति धावतः ॥

खाने के बाद उसे नींद आ गई और वह बैठ गया, लेकिन जब लेटा तो उसे पेट भरा हुआ महसूस हुआ। जब जीवन गतिमान होता है, मृत्यु दूर भागती है।

अर्थात, भोजन करने के बाद बैठने से शरीर में भारीपन, इंद्रियों में शिथिलता और आलस्य उत्पन्न होता है, तथा नींद आने लगती है। भोजन करने और सोने से शरीर मजबूत होता है। धीरे चलने से आयु बढ़ती है, लेकिन खाने के बाद दौड़ने से मृत्यु का जोखिम बढ़ जाता है। दौड़ना, व्यायाम करना, नहाना, खाने के तुरंत बाद संभोग (कवहा) करना और तुरंत काम करना स्वास्थ्य के लिए बहुत हानिकारक है।

सुबह के भोजन के बाद जब हम काम पर होते हैं और मेहनत करते हैं, तो खाना अच्छे से पच जाता है। लेकिन शाम के भोजन के बाद हम सो जाते हैं, जिससे खाना पूरी तरह से पच नहीं पाता। बिना पचा भोजन रोगों का कारण बनता है। इसलिए आयुर्वेद कहता है:

भुक्त्वा राजवदासीत यावन्न विकृतिं गतः ।
ततः शतपदं गत्वा वामपार्श्वेन संविशेत् ॥

खाने के बाद राजा की तरह बैठना चाहिए जब तक कि भोजन पचने न लगे। इसके बाद सौ कदम चलना चाहिए और बाईं करवट सोना चाहिए।

अर्थात, भोजन के बाद वज्रासन में बैठना चाहिए, फिर कम से कम 100 कदम चलें और बाईं करवट लेकर सोएं। पंद्रह मिनट से अधिक समय तक वज्रासन में बैठें। अगर बाहर हों, तो भी सौ कदम चलें। फिर बाईं करवट लेकर सोने का विधान है। ऐसा करने से भोजन अच्छे से पच जाता है। रात में सोते समय बाईं करवट सोना चाहिए, क्योंकि आयुर्वेद के ग्रंथ भावप्रकाश में भी कहा गया है:

बाईं ओर प्राणियों की नाभि में अग्नि स्थित होती है। इसलिए खाना खाने के बाद बाईं करवट सोना चाहिए।

वामदिशायामनलो नाभेरुर्ध्वेऽस्ति जन्तुनाम् ।
तस्मात्तु वामपार्श्वे शयीत भुक्तप्रपाकार्थम् ॥

नाभि के ऊपर बाईं ओर जठराग्नि होती है, जिससे खाना बेहतर पचता है।

महान वैदिक ऋषियों ने आयुर्वेद ग्रंथों में भोजन की भूमिका इस प्रकार वर्णित की है:

सोने के बर्तन में भोजन करने से दोष नष्ट होते हैं, आंखों की रोशनी बढ़ती है और स्वास्थ्य लाभ होता है।

चांदी के बर्तन में भोजन आंखों के लिए लाभकारी, पित्त शांत करने वाला, लेकिन कफ और वात बढ़ाने वाला होता है।

तांबे के बर्तन में भोजन बुद्धि और रुचि बढ़ाता है, खून साफ करता है। लेकिन वात और गर्म प्रकृति को बढ़ाता है।

लोहे के बर्तन में भोजन बलवर्धक, सूजन नाशक, पांडुरोग (पीलिया) नाशक और उत्तम होता है।

मिट्टी या पत्थर के बर्तनों में भोजन धन का नाश करता है।

लकड़ी के बर्तनों में भोजन रुचि बढ़ाता है, लेकिन कफ को बढ़ाता है।

टपरी के बर्तनों में भोजन रुचि बढ़ाने वाला, अग्निदीपक, विष और रोगों का नाशक होता है।

टपरी साल का बर्तन सर्वोत्तम माना गया है।

विरोधी आहार (आमेल खाना)

विरोधी आहार, जिसे आमेल खाना कहा जाता है, का सेवन करने से शरीर और स्वास्थ्य को गंभीर नुकसान पहुंचता है। दो विपरीत गुणों वाले पदार्थों को एक साथ खाना हानिकारक होता है। उदाहरण के लिए, मूली को शहद के साथ या दूध के साथ नहीं खाना चाहिए। इसी तरह, दूध के साथ गेहूं, मूली, नमकीन, खट्टा भोजन, स्टार्चयुक्त भोजन, दही, तेल, मछली, मांस, अंडा, दाल, केला, और हरी सब्जियां नहीं खानी चाहिए। खिचड़ी के साथ दूध का सेवन भी हानिकारक होता है। दूध से बने उत्पादों के साथ सत्तू नहीं खाना चाहिए, और रात में सत्तू का सेवन नहीं करना चाहिए। सत्तू खाने के बाद ठंडा पानी पीना स्वास्थ्य के लिए नुकसानदेह है।

दूध और पका हुआ केला एक साथ नहीं खाना चाहिए, और दूध पीने के एक घंटे के भीतर कोई खट्टा भोजन नहीं करना चाहिए। तांबे के बर्तन में रखा हुआ घी भी स्वास्थ्य के लिए हानिकारक होता है। कटहल खाने के बाद जले हुए मक्के नहीं खाने चाहिए क्योंकि उसमें राख होती है। कटहल और मक्के को एक साथ खाने से बचना चाहिए। कटहल और दूध का सेवन भी नहीं करना चाहिए, जबकि कटहल और घी का संयोजन इसे बेहतर तरीके से पचाने में मदद करता है।

मांस और दही को एक साथ नहीं खाना चाहिए। अगर मांस का सेवन करना अनिवार्य हो, तो इसे दही के साथ नहीं पकाना चाहिए। खीर खाने के बाद सत्तू का घोल या सत्तू नहीं खाना चाहिए क्योंकि यह कफ को बढ़ाता है। गेहूं और दूध का एक साथ सेवन भी उचित नहीं है क्योंकि दूध विपाक में मीठा और वीर्य में ठंडा होता है।

शहद और घी को बराबर मात्रा में मिलाकर खाने से बचना चाहिए क्योंकि यह विष के समान प्रभाव डालता है। शहद को कभी गर्म करना, पकाना या गर्म दूध या पानी के साथ सेवन नहीं करना चाहिए। हालांकि कई जगहों पर यह कहा जाता है कि शहद और गर्म पानी से मोटापा कम होता है, लेकिन यह गलत है। गर्म पानी के साथ शहद का सेवन विषैले तत्व उत्पन्न करता है।

ठंडे और गर्म वीर्य वाले खाद्य पदार्थों का एक साथ सेवन नहीं करना चाहिए। सुबह मल त्याग के बिना भोजन नहीं करना चाहिए क्योंकि इससे वात, जलन और जोड़ों के दर्द जैसी समस्याएं उत्पन्न हो सकती हैं। चिकनाईयुक्त भोजन के बाद ठंडा पानी नहीं पीना चाहिए। इन सभी नियमों का पालन करना स्वास्थ्य के लिए आवश्यक है।

रात्रि के समय दही का सेवन नहीं करना चाहिए। दही को कभी भी घी, चीनी, मूंग की दाल, शहद या आंवले के बिना नहीं खाना चाहिए। पका हुआ केला और दही एक साथ खाने से बचना चाहिए, क्योंकि यह संयोजन एक प्रकार के हल्के विष का कार्य करता है। हालांकि, इस हल्के विष का प्रभाव पेट संबंधी समस्याओं को ठीक कर सकता है। दही को गर्म नहीं करना चाहिए।

विस्फोटशोफमदविद्रधिगुल्मयक्ष्म-
तेजोबलस्मृतिमतीन्द्रियचित्तनाशान् ।
कुर्याद्विरुद्धमशनं ज्वरमस्रपित्त-
मप्टो गदांश्च महतो विषवच्च मृत्युम् ॥

रात में केवल दही खाने से कफ की मात्रा बढ़ जाती है, जिससे सर्दी, खांसी, टॉन्सिलाइटिस, बुखार, सिरदर्द, रक्तपित्त और त्वचा संबंधी रोग हो सकते हैं। दही को सबसे अच्छा तरीका यह है कि उसमें तीन भाग पानी मिलाकर अच्छी तरह मथ लें। रात को दही का सेवन न केवल कफ को बढ़ाता है, बल्कि यह याददाश्त को भी कमजोर कर सकता है और कई अन्य बीमारियों का कारण बनता है।

"विस्फोट, शोथ, माद, विद्रधि, गुल्म और यक्ष्मा" जैसे रोग दही के अनुचित सेवन से उत्पन्न हो सकते हैं। यह इंद्रियों, शक्ति, स्मृति, और मानसिक शांति को नुकसान पहुंचा सकता है। दही और अन्य विषम आहारों का अधिक सेवन शरीर में फोड़े, बवासीर, दमा, कमजोरी, भूलने की बीमारी, दृष्टि और श्रवण शक्ति की हानि, पथरी, मूत्र और पेट के रोग पैदा कर सकता है।

आप इद्वा उ भेषजिरापो अमिवातनिः आपः
सर्वस्व भेषजिस्तास्ते कुर्वन्तु भेषजाम् । (ऋग्वेद)

पानी के बारे में वेदों में कहा गया है कि जल औषधि के समान है। ऋग्वेद के अनुसार, "जल शरीर से सभी रोगों को दूर करता है और रोग प्रतिरोधक क्षमता को बढ़ाता है।" हर दिन लगभग पांच लीटर पानी पीनी चाहिए, लेकिन यह मात्रा मौसम और आवश्यकता के अनुसार

कम या ज्यादा हो सकती है। एक घंटे में एक गिलास पानी पीने की आदत लाभकारी है। घर से बाहर जाते समय पानी पीना भी स्वास्थ्य के लिए अच्छा होता है। जल को हमेशा स्वच्छ और शुद्ध रूप में ही सेवन करना चाहिए। नियमित और पर्याप्त पानी का सेवन सभी प्रकार के दुख और रोगों को दूर करता है।

दोपहर 3 बजे से शाम 5 बजे के बीच फल या फलों का रस लेना स्वास्थ्य के लिए बहुत फायदेमंद होता है। प्रसिद्ध आयुर्वेद ग्रंथ भावप्रकाश में यह बताया गया है कि शाम के समय भोजन करना, मैथुन करना, सोना, पढ़ना और यात्रा करना वर्जित है।

इन वर्जित कार्यों का पालन न करने से कई समस्याएं हो सकती हैं। शाम के समय भोजन करने से अन्नजनित रोग उत्पन्न होते हैं, संभोग करने से गर्भ की विकृति हो सकती है, सोने से दरिद्रता आती है, पढ़ाई करने से मृत्यु का भय रहता है और यात्रा करने से असुरक्षा का अनुभव होता है।

रात्रि को सोने से कम से कम दो घंटे पहले भोजन कर लेना चाहिए। भोजन हल्का और सुपाच्य होना चाहिए। खाने के तुरंत बाद सोने से बचना चाहिए। रात में जल्दी सोएं और सुबह जल्दी उठने की आदत डालें। सोने का सबसे अच्छा समय रात 9-10 बजे और जागने का समय सुबह 4 बजे है। जहां तक संभव हो, दिन में न सोएं।

सोने से पहले हाथ-पैर धोकर उन्हें अच्छी तरह सूखाएं। फिर पैरों, नाभि और हथेलियों पर गाय का घी या शुद्ध सरसों का तेल लगाएं। यह आरामदायक नींद और स्वास्थ्य के लिए लाभकारी होता है।

रात्रि के समय एक गिलास गुनगुना दूध पीना भी अत्यंत लाभकारी माना गया है। आयुर्वेद में इसे इस प्रकार वर्णित किया गया है:

दिनान्ते च पिबेत् दुग्धं निशान्ते च जलं पिबेत्।
भोजनान्ते पिबेत् तक्रं वैद्यस्य किं प्रयोजनम्॥

"दिन के अंत में दूध और रात के अंत में पानी पीना चाहिए। यदि कोई भोजन के अंत में मट्ठा पीता है, तो उसे किसी चिकित्सक की आवश्यकता नहीं पड़ती।"

अर्थात, सोते समय दूध पीना चाहिए और सुबह उठने के बाद पानी पीना चाहिए। भोजन के बाद मट्ठा पीने से पाचन तंत्र मजबूत होता है।

कपल्स के लिए, रात में एक गिलास दूध में एक चम्मच शुद्ध घी मिलाकर पीना विशेष रूप से फायदेमंद माना गया है। यह न केवल शारीरिक ऊर्जा प्रदान करता है, बल्कि शरीर को स्वस्थ और स्फूर्तिवान बनाए रखता है।

बिस्तर पर जाने से पहले उसे अच्छी तरह से साफ करना चाहिए, तभी सोना चाहिए। फोम के गद्दे और तकिए का उपयोग नहीं करना चाहिए क्योंकि ये शरीर को नुकसान पहुंचा सकते हैं। तकिया अधिक ऊंचा नहीं होना चाहिए, क्योंकि यह रीढ़ की हड्डी से संबंधित रोग पैदा कर सकता है और मस्तिष्क पर नकारात्मक प्रभाव डाल सकता है। सोते समय तकिए का मुख पूर्व या दक्षिण की ओर होना चाहिए। आयुर्वेद के अनुसार, पूर्व दिशा में सिर रखकर सोने से ज्ञान प्राप्त होता है, दक्षिण दिशा में सिर रखने से धन, दीर्घायु और स्वास्थ्य लाभ होता है। पश्चिम दिशा में सिर रखने से चिंता और उत्तर दिशा में सिर रखने से मृत्यु का खतरा रहता है।

प्राक्शीरे शयनं विद्या धनमायुश्च दक्षिणे ।
पश्चिमे प्रवला चिन्ता हानिमत्यः तथोत्तरे ॥

कुछ लोग यह सोच सकते हैं कि उत्तर दिशा की ओर सिर करके सोने के बावजूद वे जीवित हैं। यह सही है कि तुरंत मृत्यु नहीं होती, लेकिन ऐसा करने से हृदय रोग की संभावना बढ़ जाती है। उत्तर दिशा में सिर करके सोने से विद्युत प्रवाह हृदय द्वारा पंप किए गए रक्त को अवरुद्ध करता है, जिससे रक्त मस्तिष्क तक सही ढंग से नहीं पहुंच पाता। इसका प्रभाव बुरे स्वप्न, ऐंठन और अन्य विकारों के रूप में शुरू होता है और अंततः दिल के दौरे से मृत्यु हो सकती है। पृथ्वी पर सभी प्रकार की विद्युत शक्तियां मौजूद हैं, जो हमारे जीवन चक्र को प्रभावित करती हैं। प्राचीन ऋषि-मुनियों ने अपनी चेतना के माध्यम से इन शक्तियों को समझा, और आज वैज्ञानिक अपनी प्रयोगशालाओं में इनके प्रभाव को देखकर आश्चर्यचकित होते हैं।

बिस्तर पर जाने के बाद आंखें बंद करके अपने इष्टदेव का स्मरण करना चाहिए। दिन भर में किए गए अच्छे और बुरे कार्यों का मूल्यांकन करें और भविष्य में कोई बुरा काम न करने का संकल्प लें। भगवान से क्षमा मांगें और बाईं करवट लेकर सोएं। आयुर्वेद के अनुसार,

वामशायी द्विभुञ्जान षट्मूत्री द्विपुरीषक: ।
स्वल्पमैथुनकारी च शतं वर्षाणि जीवति ॥

जो व्यक्ति बाईं ओर करवट लेकर सोता है, सुबह और शाम को दो बार भोजन करता है, दिन में कम से कम छह बार पेशाब करता है, सुबह और शाम को दो बार शौच करता है और सीमित मात्रा में संभोग करता है, वह सौ वर्ष तक स्वस्थ रह सकता है। यह जीवनशैली स्वस्थ और दीर्घायु जीवन के लिए महत्वपूर्ण मानी गई है।

जो व्यक्ति शाम को दो बार शौच करता है और थोड़ा संभोग करता है वह सौ वर्ष तक स्वस्थ रहता है।

सुबह आंखें खुलने पर दोनों हाथों को रगड़कर आंखों पर रखें।

- सप्ताह में एक दिन या पखवाड़े में एक दिन उपवास करना। व्रत के दौरान दो-तीन बार मिश्री और नींबू पानी पिएं और बाकी समय सादा पानी पिएं, दिन भर में करीब छह से सात लीटर पानी पिएं। व्रत के दौरान ठोस आहार नहीं खाना चाहिए। अगले दिन मूंग दाल और चावल या दाल झोल और गीले चावल से बनी खिचड़ी खाएं.
- मालिश सेहत के लिए जरूरी है. इसलिए हफ्ते में एक बार मसाज करें। मालिश करते समय आधिकारिक आयुर्वेद दवा निर्माता कंपनी के तेल या शुद्ध सरसों के तेल से मालिश करें। मालिश सिर्फ सही तरीके से ही करनी चाहिए, गलत तरीके से की गई मालिश न सिर्फ फायदेमंद बल्कि हानिकारक भी हो सकती है।
- सांस हमेशा नाक से ही लेनी चाहिए। मुंह से सांस लेने से याददाश्त कम होती है और मस्तिष्क संबंधी रोग होते हैं। मुँह का काम खाना और बोलना है, साँस लेना नहीं।

९

ऋतुचर्या

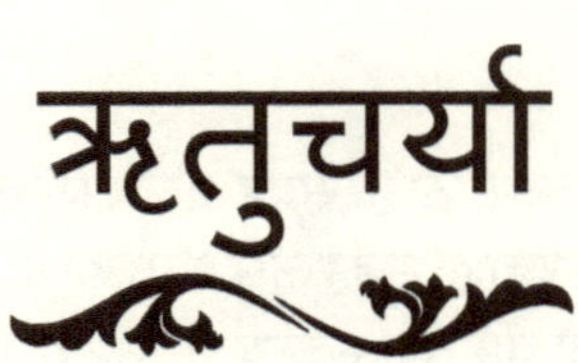

सभी चीजें समय के अधीन हैं, और समय किसी के अधीन नहीं है। इस संसार में, कीड़ों से लेकर ब्रह्मा तक सभी काल के वश में हैं, परंतु काल स्वयं किसी के वश में नहीं है। इसीलिए, काल को ही सबका नियंता माना गया है। महर्षि सुश्रुत के अनुसार, समय ही ईश्वर है। न इसका कोई आरंभ है, न कोई मध्य, और न कोई अंत। पौधों के रस के गुण, मनुष्य का जन्म और मृत्यु, सभी समय के अधीन हैं। मनुष्य के जीवन और मृत्यु दोनों में समय की प्रधानता है।

कालो हि नाम (भगवान्) स्वयम्भूरनादिमध्यनिधनः । अत्र रसव्यापत्सम्पत्ती जीवितमरणे च मनुष्याणामायत्ते
......। सर्वाण्येव भूतानि कलयति क्षयं नयनीति कालः (सु.सू.)

दूसरे शब्दों में, समय को काल कहा जाता है क्योंकि यह सभी भूतों को नष्ट कर देता है। "कालः कलयतां प्रभुः," अर्थात, काल ही सबको नियंत्रित करने वाला प्रभु है। काल अपनी शक्ति से सब कुछ नष्ट करने में समर्थ है। यह सर्वसमर्थ काल युग, वर्ष, अयन, ऋतु, महिना, पक्ष, अहोरात्र (24 घंटे), मुहूर्त, कला, काष्ठा, निमेष और अक्षि जैसे विभिन्न बड़े और सूक्ष्म इकाइयों में विभाजित होता है।

इनमें से वर्ष, अयन, ऋतु, महिना, पक्ष, दिन और मुहूर्त व्यावहारिक दृष्टिकोण से अधिक महत्वपूर्ण हैं। प्रकृति का संतुलन, विविधता और क्रियाकलाप इन्हीं इकाइयों के अनुसार संचालित होते हैं। मनुष्य का व्यवहार भी इन्हीं के इर्द-गिर्द घूमता है। इन्हें नकारने की शक्ति किसी के पास नहीं है।

समय की गणना में 30 मुहूर्तों का एक दिन, 15 दिनों का एक पक्ष, दो पक्षों (शुक्ल और

कृष्ण) का एक महिना, छह महीनों का एक अयन और दो अयनों (12 महीनों) का एक वर्ष शामिल है। हर दो महीनों को मिलाकर एक ऋतु बनती है, और इस प्रकार छह ऋतुओं का निर्धारण किया गया है:

वसंत: चैत्र और वैशाख

ग्रीष्म: ज्येष्ठ और आषाढ़

वर्षा: श्रावण और भाद्र

शरद: आश्विन और कार्तिक

हेमंत: मार्गशीर्ष और पौष

शिशिर: माघ और फाल्गुन

सूर्य, चंद्रमा, और वायु मिलकर संसार का संचालन करते हैं। सूर्य की गति के अनुसार वातावरण में परिवर्तन होता है, जिससे शीत, वर्षा, और गर्मी का संतुलन बनता है।

सूर्य उत्तरी और दक्षिणी गोलार्ध की ओर क्रमशः बढ़ता है। जब सूर्य उत्तर की ओर बढ़ता है, तो तापमान धीरे-धीरे बढ़ता है, जिसे उत्तरायण कहा जाता है। जब सूर्य दक्षिण की ओर बढ़ता है, तो ठंडक बढ़ती है, जिसे दक्षिणायन कहते हैं। महर्षि सुश्रुत के शब्दों में,

त एते शीतोष्णवर्षालक्षणाश्चन्द्रादित्योः कालविभागकरत्वादयने द्वे भवतो दक्षिणमुत्तरं च ।' (सुश्रुत. सूत्रस्थान)

इसका अर्थ है कि चंद्रमा और सूर्य की गति से उत्तरायण और दक्षिणायन का निर्माण होता है, जो ठंड, गर्मी, और बारिश का निर्धारण करते हैं।

उत्तरायण में वसंत, बसंत और ग्रीष्म ऋतुएं होती हैं। इस काल में सूर्य की शक्ति धीरे-धीरे बढ़ती जाती है और अंत में गर्मी के मौसम में पृथ्वी सूर्य की प्रचंड गर्मी से तपने लगती है। इसे संक्रमण काल भी कहा जाता है। चरक संहिता में इसे "आदानं पुनराग्नेयम् (च.सू.६/ ४)" कहा गया है, जिसका अर्थ है कि यह काल अग्नि से परिपूर्ण होता है।

शिशिराद्यास्त्रिभिस्तैस्तु विद्यादयनमुत्तरम् ।
आदानं च, तदादत्ते नृणां प्रतिदिनं बलम् ॥ (अ.हृ.)

आचार्य वाग्भट के अनुसार, सर्दियों से शुरू होने वाली तीन ऋतुओं, शिशिर, वसंत और ग्रीष्म को उत्तरी दिन के नाम से जाना जाता है। इसे अधानकाल कहा जाता है क्योंकि इस समय मनुष्य की शक्ति दिन-ब-दिन कम होने लगती है और वह कमजोर होता जाता है। महर्षि चरक कहते हैं कि सूर्य अपनी तीव्र किरणों से विश्व को गर्म करता है और शुष्क हवाएं, जो इस समय में प्रबल होती हैं, धीरे-धीरे कठोरता, कड़वाहट, खटास और तीखापन बढ़ाती हैं। इससे शरीर की ऊर्जा और शक्ति कम होने लगती है।

तत्र रविर्भाभिराददानो जगतः स्नेहं वायवस्तीव्ररूक्षाश्चोपयन्तः शिशिरवसन्तग्रीमेषु यथाक्रमं रौक्ष्यमुत्पादयन्तो रूक्षान् रसान् तिक्तकषायकटुकांश्चाभिवर्द्धयन्तो नृणां दौर्बल्यमावहन्ति । (चरक:सूत्र.)

इस संक्रमण काल में सूर्य की तीव्रता, वायु की शुष्कता और पदार्थों के रस का शोषण होता है। यह वातावरण को शुष्क बना देता है, जिससे शरीर की तैलीयता, शीतलता और पोषण कम हो जाता है। परिणामस्वरूप, मनुष्य कमजोर और शिथिल हो जाता है। यह समय शारीरिक पोषण और ऊर्जा के लिए उपयुक्त नहीं माना जाता। वसंत ऋतु में पेड़ों की पत्तियां झड़ जाती हैं, जमीन सूख जाती है और तेज हवाओं के कारण धूल और सूखी पत्तियां उड़ने लगती हैं। जंगल में आग लगने की घटनाएं बढ़ती हैं, जिससे जंगलों का नाश होता है और धुआं व धूल मिलकर आकाश को ढक देते हैं। इस वातावरण में कई जानवर समय से पहले मर जाते हैं और पानी सहित अन्य खाद्य पदार्थ दूषित हो जाते हैं।

इन सबके कारण मनुष्य की पाचन शक्ति कमजोर हो जाती है, जिससे अपच, सीने में जलन और अन्य समस्याएं उत्पन्न होती हैं। इस समय स्वच्छ, हल्की और ताजी चीजों का सेवन करना चाहिए। मिताहार को अपनाना सर्वोत्तम है और किसी भी कार्य या स्थिति में अति, न्यूनता या मिथ्या व्यवहार से बचना चाहिए।

दक्षिणायन में वर्षा, शरद और हेमंत ऋतुएं आती हैं। इस काल को विसर्गकाल कहा जाता है, क्योंकि इसमें प्रकृति और वातावरण में ऊर्जा का विस्तार और शीतलता का प्रभाव बढ़ने लगता है।

वर्षादयो विसर्गश्च, यद्बलं विसृजत्ययम् ।
सौम्यत्वादत्र सोमो हि बलवान् हीयते रविः॥
मेघवृष्टचनिलैः शीतैः शान्ततापे महीतले ।
स्निग्धाश्चेहाम्ललवणमधुरा बलिनो रसाः ॥ (अ.ह.)

अर्थात, जब सूर्य दक्षिण की ओर बढ़ता है, तो गर्मी धीरे-धीरे कम होने लगती है, हवा ठंडी और चिपचिपी हो जाती है, और चंद्रमा की शक्ति बढ़ने लगती है। चंद्रमा की इस बढ़ती हुई शक्ति से संसार में जीवन और ऊर्जा का संचार होता है। इसे विसर्गकाल कहा जाता है, क्योंकि इस समय पशुओं और मनुष्यों में शक्ति उत्पन्न होती है, और शरीर की अनिच्छा और थकावट दूर होने लगती है।

जैसे आकाश बादलों से ढक जाता है और वर्षा तथा ठंडी हवाओं के स्पर्श से अत्यधिक गर्म पृथ्वी धीरे-धीरे शांत और शीतल हो जाती है, वैसे ही इस काल में शरीर भी आराम और पुनर्निर्माण की अवस्था में होता है। इस समय चिपचिपाहट का प्रभाव बढ़ जाता है, और खट्टा, मीठा तथा नमकीन (अम्ल, मधुर, लवण) रस की शक्ति भी बढ़ती है।

यह काल ऊर्जा संचय, उत्पादन और शरीर के पोषण का समय माना जाता है। इस दौरान वातावरण शरीर के लिए अत्यधिक अनुकूल बनता है और सभी प्रकार की शारीरिक आवश्यकताओं को संतुष्ट करने के लिए तैयार होता है। यह समय शरीर को पोषण प्रदान करने और उसे सशक्त बनाने का अवसर प्रदान करता है।

आदावन्ते च दौर्बल्यं विसर्गादानयोर्नृणाम् ।
मध्ये मध्यं वरन्त्वन्ते श्रेष्ठमग्रे च निर्दिशेत् ॥ (चरक संहिता)

दूसरे शब्दों में, विसर्ग काल की आरंभिक वर्षा ऋतु और अदन काल की अंतिम ग्रीष्म ऋतु में प्राणियों की शक्ति अत्यधिक क्षीण हो जाती है क्योंकि इस समय सूर्य की गर्मी अपने चरम पर होती है। इसी प्रकार, दोनों ऋतुओं के मध्य में अर्थात वसंत ऋतु में शक्ति घटने की अवस्था होती है। शरद ऋतु में यह स्थिति पूर्णतः क्षीण हो जाती है, जबकि विसर्ग काल की अंतिम हेमंत ऋतु और अधान काल की प्रारंभिक शिशिर ऋतु में यह स्थिति पुनः सुधरने

लगती है। हेमंत और शिशिर ऋतुओं को विशेष रूप से सर्दी कहा जाता है, जो पोषण, शक्ति और ऊर्जा की दृष्टि से अत्यधिक महत्वपूर्ण मानी जाती हैं।

वसंत ऋतु में शारीरिक स्थिति

वसंत ऋतु, जिसे "ऋतुराज" कहा जाता है, सर्दी और गर्मी के मिलन का समय है। जिस प्रकार बचपन और युवावस्था के बीच का समय संतुलन लाता है, वैसे ही वसंत ऋतु सर्दी और गर्मी के बीच संतुलन बनाती है। यह ऋतु दोनों ऋतुओं के गुणों को समाहित करती है और इसके अनुसार शरीर पर प्रभाव डालती है। जैसे बचपन के तुरंत बाद जवान नहीं हुआ जा सकता और जवानी के तुरंत बाद वृद्धावस्था नहीं आती, वैसे ही ऋतु परिवर्तन भी क्रमिक होता है।

इस ऋतु में सूर्य की गर्मी से शीत ऋतु में जमा हुआ कफ पिघलने लगता है, जिससे शरीर की अग्नि (पाचन शक्ति) दब जाती है। चरक संहिता के अनुसार, इस प्रक्रिया के कारण शरीर में विभिन्न प्रकार के रोग उत्पन्न हो सकते हैं। इसलिए, ऋतु परिवर्तन के समय हमें अपने खान-पान, जीवनशैली और दिनचर्या में बदलाव लाना चाहिए, जिससे वर्तमान और आने वाले समय के बीच संतुलन बना रहे।

वसंत ऋतु में भोजन

इस ऋतु में ताजे, हल्के और सुपाच्य भोजन का सेवन करना चाहिए। पीले, कड़वे और तीखे स्वाद वाले पदार्थ, जो शरीर की अग्नि को प्रोत्साहित करते हैं, इस समय विशेष रूप से लाभकारी होते हैं। इनसे पाचन शक्ति संतुलित रहती है और कफ दोष से बचाव होता है। यह संतुलित आहार वसंत ऋतु में शरीर को स्वस्थ और ऊर्जा से भरपूर बनाए रखने में सहायक होता है।

वसन्ते निचितः श्लेष्मा दिनकृद्भाभिरीरितः ।
कायाग्निं बाधते रोगास्ततः प्रकुरुते बहून् ॥

चरक सूत्र के अनुसार, हेमन्त ऋतु में जमा हुआ कफ वसंत ऋतु में सूर्य की गर्म किरणों से द्रवित होकर जठराग्नि को दबा देता है। इससे शरीर में अनेक प्रकार के कफजनित रोग, जैसे खांसी, गले में खराश, टॉन्सिल में सूजन, हल्का बुखार और हाथ-पैरों में दर्द उत्पन्न होते हैं।

इसलिए इस मौसम में ऐसे खाद्य पदार्थों का सेवन नहीं करना चाहिए जो कफ को बढ़ाते हैं। खट्टा, चिकनाईयुक्त और गांठदार भोजन, दिन में सोना और रात में जागना हानिकारक होता है। वसंत ऋतु में सुपाच्य और हल्का भोजन करना चाहिए, जैसे बिना छिलके वाली मूंग, हरी सब्जियां, मौसमी फल, अदरक और शहद। रात को सोने से पहले एक गिलास दूध में एक चम्मच हल्दी मिलाकर पीना फायदेमंद होता है।

चैत्र मास में 5-7 नीम की पत्तियां और 3 मिर्च चबाने से खून साफ होता है और वर्षभर बुखार, घाव आदि से बचा जा सकता है। इसे न्यूनतम 21 दिन और अधिकतम 41 दिन तक करना चाहिए। वसंत ऋतु में होने वाली मौसमी बीमारियों से बचने के लिए कुछ विशेष उपाय अपनाने चाहिए। एक चूर्ण तैयार करने के लिए सिंधनुं 50 ग्राम, खाने का सोडा 50 ग्राम और पिसी हुई फिटकरी 5 ग्राम को मिलाकर एक कांच की शीशी में रखें। इस चूर्ण को गर्म पानी के साथ दिन में तीन बार (सुबह, दोपहर और शाम) लेने से गले से जुड़ी समस्याएं दूर होती हैं। इस औषधि के बाद ठंडे पदार्थों का सेवन नहीं करना चाहिए।

पेट साफ रखने के लिए सुबह और शाम नियमित रूप से शौच जाना चाहिए। खट्टे और अम्लीय चीजों से बचना चाहिए। स्वस्थ रहने के लिए सुबह ब्रह्ममुहूर्त में उठना और रात का भोजन सोने से दो घंटे पहले करना चाहिए। योग का अभ्यास सप्ताह में एक या दो बार करना लाभकारी होता है।

ग्रीष्म ऋतु में शारीरिक स्थिति

ग्रीष्म ऋतु में सूर्य की तेज किरणें जल स्रोतों को सुखा देती हैं, जिससे झरने, नदियां और झीलें जलहीन हो जाती हैं। इस समय पौधों और जन्तुओं का जलीय भाग भी कम हो जाता है, जिससे शरीर में पानी की कमी का खतरा रहता है। हर एक घंटे में एक गिलास पानी पीना चाहिए ताकि शरीर में पानी की मात्रा संतुलित रहे और अपच व कब्ज जैसी समस्याएं न हों।

ग्रीष्म ऋतु का खान-पान

इस मौसम में ठंडे, रसीले और मौसमी फलों का सेवन करना चाहिए। लाल मिर्च पूरी तरह बंद कर देनी चाहिए और हरी मिर्च तथा मसालों का सेवन कम करना चाहिए। गर्म प्रकृति और तारे वाली चीजों से परहेज करें। मछली, शराब और धूम्रपान करने वाले लोगों में इस मौसम में बीमारियों का खतरा अधिक होता है। भोजन हल्का और सुपाच्य होना चाहिए।

शाम के समय दही, प्याज, केला, बेसन से बनी चीजें, पिंडालू और तारे का सेवन नहीं करना चाहिए। रात में सोने से पहले एक गिलास दूध में एक या दो चम्मच घी मिलाकर पीना बहुत

फायदेमंद होता है। पूरे दिन में कम से कम 10 गिलास पानी पीना चाहिए। दिन में एक बार एक गिलास पानी में मिश्री और नींबू का रस मिलाकर पीना चाहिए। इसके अलावा, जौ के बीजों को पानी में भिगोकर उसमें मिठास मिलाकर पीने से भी शरीर को लाभ मिलता है।

दोपहर के समय खरबूजा, तरबूज, खीरा, संतरा और केला जैसे फल खाना स्वास्थ्य के लिए लाभकारी होता है। जमा हुआ ठंडा पानी पीने से गले से जुड़ी समस्याएं, अपच और कब्ज जैसी परेशानियां हो सकती हैं। इसके बजाय, गागर में रखा ठंडा पानी पीना बेहतर माना जाता है। इस ऋतु में मांस, दालें, सरसों का साग, तेल, खट्टा दही, लहसुन, शहद, चने का आटा और गर्म तासीर वाले पदार्थों का सेवन नहीं करना चाहिए।

सौंफ, कच्चा नारियल, नारियल पानी और अन्य ठंडी चीजों का सेवन लाभकारी होता है। इस मौसम में कच्चा प्याज भी फायदेमंद है। यदि यात्रा में प्याज साथ रखा जाए, तो डायरिया होने का डर नहीं रहता। गर्मियों में पाचन तंत्र कमजोर हो जाता है, इसलिए अधिक भोजन करने से बचना चाहिए। भोजन करते समय शांति और धैर्य बनाए रखें, और प्रत्येक निवाले को अच्छी तरह चबाकर खाएं।

गर्मी के मौसम में धूप और गर्म हवाओं से बचना आवश्यक है। घर से बाहर निकलने से पहले एक गिलास गागर का पानी पी लें। सिर को धूप से बचाने के उपाय करना चाहिए। यात्रा के दौरान अमृतधारा साथ लेकर चलें और इसे 10-15 बताशों के साथ खाएं। यदि यात्रा के दौरान सिरदर्द, पेट दर्द, जी मिचलाना, अपच या उल्टी जैसी समस्याएं हों, तो अमृतधारा की तीन बूंदें पानी में डालकर पीने से राहत मिलती है।

अगर रात में किसी कारण से जागना पड़े, तो हर एक घंटे के अंतराल पर ठंडा पानी थोड़ा-थोड़ा पिएं। इससे प्यास शांत रहती है। प्यास लगने पर तुरंत पानी पिएं, क्योंकि इसे रोकने से मुंह सूखना, कानों में घंटियां बजना और दिल में दर्द जैसी समस्याएं हो सकती हैं।

सूर्योदय से पहले उठना और कम से कम एक किलोमीटर दौड़ना, साथ ही नियमित योग करना, स्वस्थ रहने का सबसे अच्छा तरीका है। सुबह का वातावरण शुद्ध और शांत प्राणवायु से भरा होता है, जो हमारे फेफड़ों को मजबूत करता है। सुबह जल्दी उठना एक तप के समान है, जबकि रात में देर तक जागना स्वास्थ्य के लिए हानिकारक होता है। मैंने अपने अनुभव और अध्ययन के आधार पर यह सुझाव प्रस्तुत किया है।

वर्षा ऋतु में शारीरिक स्वास्थ्य

वर्षा ऋतु के आगमन के साथ ही सूर्य की गति दक्षिण दिशा की ओर बढ़ने लगती है, जिससे

विसर्ग काल का प्रारंभ होता है। इस दौरान दक्षिणायन के प्रभाव से लोगों को शक्ति और ऊर्जा प्राप्त होती है। हालांकि, बारिश के शुरुआती दिनों में, जब बारिश का पानी गर्म जमीन के संपर्क में आता है, तो भाप उठने लगती है, जिससे शरीर शिथिल हो जाता है और पाचन तंत्र कमजोर हो जाता है। इस समय वात दोष विशेष रूप से कुपित हो जाता है, जबकि पित्त और कफ भी असंतुलित हो सकते हैं।

बरसात के मौसम में पानी से होने वाली बीमारियों का खतरा अधिक रहता है, क्योंकि नदी, तालाब और अन्य जल स्रोतों का पानी दूषित हो जाता है। इसलिए इस समय पानी को उबालकर और छानकर पीना चाहिए। वात कुपित होने के कारण पेट की समस्याएं, जोड़ों का दर्द और अस्थमा जैसी बीमारियां हो सकती हैं। इस मौसम में शुद्ध, सात्विक और सुपाच्य भोजन करना आवश्यक है। बासी, रूखा और अधिक गर्म भोजन से बचना चाहिए।

भैंस का दूध इस समय हरी घास के कारण अपाच्य हो जाता है, जबकि गाय का दूध शुद्ध और सुपाच्य रहता है। आयुर्वेद में समयानुसार त्यागने और ग्रहण करने योग्य पदार्थों का स्पष्ट वर्णन किया गया है। उदाहरण के लिए, जुलाई में दूध और अगस्त में शहद का सेवन वर्जित है। इसी तरह श्रावण मास में हरी सब्जियों का सेवन नुकसानदेह हो सकता है।

छिलके वाली मूंग की दाल इस मौसम में सर्वोत्तम मानी जाती है। पके आम को साफ करके खाया जा सकता है, और इसके बाद एक गिलास दूध में चीनी मिलाकर पीना लाभकारी होता है। आम को दूध में मिलाकर "अम्पारा" बनाकर खाना भी फायदेमंद है। बरसात में हरा मक्का भूनकर खाएं, और इसके साथ हरी मिर्च, पिसा हुआ जीरा, नमक और नींबू से बनी चटनी का स्वाद लें। भुट्टा खाने के तुरंत बाद पानी पीने से बचना चाहिए।

इस मौसम में पित्त को बढ़ाने वाले तैलीय, तले हुए, खट्टे, मसालेदार और अधिक गर्म खाद्य पदार्थों का सेवन नहीं करना चाहिए। पित्त दोष को संतुलित रखना आवश्यक है, क्योंकि पित्तजनित खाद्य पदार्थ शरीर में जमा हुए पित्त को खट्टा कर देते हैं। वात दोष के असंतुलन से शरीर को और अधिक नुकसान हो सकता है। आयुर्वेद में वात (वायु), पित्त (अग्नि) और कफ (जल) को संतुलित रखने पर जोर दिया गया है, क्योंकि इनका असंतुलन शरीर में विभिन्न समस्याओं का कारण बन सकता है।

अतः वर्षा ऋतु में संतुलित आहार और जीवनशैली अपनाने से शरीर को स्वस्थ रखा जा सकता है और मौसमी बीमारियों से बचा जा सकता है।

वर्षा ऋतु को ध्यान दें

इस समय आपको शरीर की साफ-सफाई पर पूरा ध्यान देना चाहिए। प्रतिदिन कपड़े साफ करके पहनने चाहिए। ऐसा करने से त्वचा संबंधी रोगों से बचा जा सकता है। ठंडे कपड़े न पहनें, स्नान करें और अपने शरीर को अच्छे से पोंछ लें। दूषित एवं गंदे पानी से न नहायें। बरसात के मौसम में विभिन्न स्रोतों के पानी को उबालकर और उसके बाद ही पीना चाहिए। घर से बाहर पानी पीने और होटल, दुकान आदि में खाना खाने की इजाजत नहीं है। झरने, नदी, तालाब आदि में स्नान करना भी लाभकारी नहीं होता है। रात के समय बाहर घूमते समय रोशनी में ही चलना चाहिए। बरसात के मौसम में रसायनों का सेवन करना बहुत जरूरी है। रसायन के रूप में एक चम्मच बड़ी हर्रा का चूर्ण एक चम्मच सिंधेनून में मिलाकर सुबह पेट में प्रयोग करना चाहिए।

इनका क्या जिनके अंग बारिश की ठंडक के लिए उपयुक्त हैं? शरद ऋतु में गरम लोगों का पित्त प्रायः कुपित होता है।

वर्षा ऋतु में जमा हुआ पित्त शरद ऋतु में सूर्य की किरणों से गर्म हो जाता है। इस ऋतु में वात दोष शांत रहता है। इस दौरान आपको धूप में चलने में संकोच नहीं करना चाहिए और ज्यादा मेहनत भी नहीं करनी चाहिए। इस ऋतु में चंद्रमा की रोशनी में घूमना अधिक लाभदायक होता है, लेकिन चंद्रमा की रोशनी में नहीं सोना चाहिए, क्योंकि इस समय रात में पाला पड़ता है। इससे शरीर को कोई फायदा नहीं होता है. इस मौसम में गर्मी के मौसम के अनुसार ही आहार-विहार करना चाहिए।

बरसात के मौसम में भोजन

शरद ऋतु वर्षा ऋतु और शीत ऋतु का सम्मिश्रण है। चूँकि शीत ऋतु और ग्रीष्म ऋतु वसंत ऋतु के साथ मेल खाती हैं, इन दिनों सूर्य की गर्मी ग्रीष्म ऋतु की तुलना में अधिक होती है, इसलिए शरीर में पित्त स्वाभाविक रूप से कड़वा रहता है। पित्त के बढ़ने से जठराग्नि धीमी हो जाती है, जिससे भूख कम हो जाती है। पित्त को कम करने वाले पदार्थों जैसे- मीठा, रसदार, सुपाच्य, थोड़ी ठंडी प्रकृति और कड़वा रस आदि का सेवन करना लाभकारी होता है। शरद ऋतु में खीर खाना बहुत फायदेमंद होता है। खीर बनाने के बाद खीर को एक घंटे तक चंद्रमा की रोशनी में रखकर उसका सेवन करना मानसिक और शारीरिक रूप से बहुत फायदेमंद होता है। चूंकि इस दौरान पित्त कुपित होता है, इसलिए समय-समय पर यौगिक क्रिया वस्ति क्रिया और कुंजल क्रिया करना बहुत उपयोगी होता है।

शरद ऋतु में रहन-सहन

शरद ऋतु में, जिनके शरीर वर्षा की ठंडक के अनुकूल नहीं होते, उन्हें इस मौसम में विशेष ध्यान रखना चाहिए। इस दौरान गरम प्रवृत्ति वाले लोगों का पित्त प्रायः कुपित हो जाता है, क्योंकि वर्षा ऋतु में जमा हुआ पित्त शरद ऋतु में उभरकर सक्रिय हो जाता है। इस समय आपको धूप में चलने से परहेज नहीं करना चाहिए, लेकिन अत्यधिक शारीरिक परिश्रम से बचना चाहिए। चंद्रमा की रोशनी में घूमना और झूलना लाभकारी होता है, लेकिन चाँद की रोशनी में रातभर सोना उचित नहीं है, क्योंकि इससे शरीर को कोई विशेष लाभ नहीं होता।

खान-पान

शरद ऋतु में पित्त का प्रभाव अधिक होता है, जिससे पाचन शक्ति कमजोर हो जाती है और भूख कम लगती है। इसलिए इस मौसम में पित्त को शांत करने वाले पदार्थों का सेवन करना चाहिए। चिकने, रसदार, सुपाच्य, ठंडी प्रकृति के तथा कड़वे रस वाले पदार्थों का उपयोग लाभकारी होता है। खीर का सेवन इस समय अत्यंत फायदेमंद होता है। इसे बनाने के बाद एक घंटे तक चंद्रमा की रोशनी में रखकर सेवन करने से यह मानसिक और शारीरिक रूप से लाभकारी होती है।

इस ऋतु में योगिक क्रियाएं जैसे वस्ति क्रिया और कुंजल क्रिया करना भी अत्यंत उपयोगी होता है, क्योंकि ये शरीर को शुद्ध करने और पित्त को संतुलित करने में मदद करती हैं।

रजोनिवृत्ति के दौरान शारीरिक स्वास्थ्य

शरद ऋतु की समाप्ति के साथ ही विसर्ग काल का अंत हो जाता है। इस समय अत्यधिक ठंड होती है और कुछ क्षेत्रों में जमा देने वाली बारिश होती है। तराई वाले इलाकों में कोहरे के कारण सूर्य का दर्शन मुश्किल हो सकता है। पहाड़ी इलाकों में ठंडी हवाएं चलती हैं, और ऊपरी क्षेत्रों में बर्फबारी और ओलावृष्टि होती है।

सर्दी में ध्यान देनी वाली बातें

ठंडी हवा और ठंडे वातावरण के कारण शरीर की गर्मी बाहर निकलने के बजाय अंदर ही रहती है, जिससे जठराग्नि प्रबल हो जाती है। इससे खाया हुआ भोजन अच्छे से पचता है और शरीर को ताकत मिलती है। इस मौसम में पौष्टिक आहार जैसे दूध, घी, मूंग दाल की खीर, छोटे गेहूं का रस, मौसमी सब्जियां और फल का सेवन करना चाहिए। नाश्ते में अमृतन्ना और भीगे हुए पपीते, खीरे और नारियल का सेवन लाभकारी होता है।

सर्दियों में भुने हुए बादाम खाना और रात को एक गिलास गाय के दूध में एक चम्मच गाय का घी मिलाकर पीना बेहद फायदेमंद है। लहसुन की दो-तीन कलियां चबाकर या पानी के साथ लेना भी स्वास्थ्य के लिए अच्छा माना जाता है। इन सभी उपायों से सर्दी के मौसम में शरीर को ताकत और ऊर्जा मिलती है।

शरद ऋतु में शारीरिक स्वास्थ्य

शरद ऋतु में कच्चे आंवले का सेवन अमृत के समान लाभकारी होता है। सुबह खाली पेट और दोपहर में तीन से चार बजे के बीच चार से पांच आंवले का सेवन अवश्य करना चाहिए। इसके अतिरिक्त, रसायन के लिए बड़ी हर्रा और सुथो चूर्ण को बराबर मात्रा में मिलाकर एक चम्मच सुबह खाली पेट लेना लाभकारी है।

आयुर्वेद ग्रंथ चरकसंहिता में कहा गया है कि जब जठराग्नि को अपनी शक्ति के अनुरूप पोषण नहीं मिलता, तो यह शरीर की धातुओं को जलाने लगती है और वात दोष को कुपित कर देती है।

सप्ताह में एक दिन उपवास करना लाभकारी होता है। उपवास के दौरान केवल नींबू पानी या ताजे जूस का सेवन करें और अत्यधिक भोजन से बचें। व्रत से दोष पचते हैं और शरीर से बाहर निकल जाते हैं। इस समय ठंड से बचाव के लिए शरीर पर तेल मालिश, नियमित योग, ताजी हवा का सेवन और धूप सेंकने की आदत डालें।

ऊनी और सूती कपड़े पहनें और फोम के बिस्तर व तकियों से बचें। स्नान के लिए गर्म पानी के बजाय कुएं या बावड़ी के ताजे पानी का उपयोग करें। हालांकि, सिर, आंख, चेहरा और गुदा को गर्म पानी से धोने से बचना चाहिए।

ठंड के कारण इस मौसम में आलस्य महसूस हो सकता है, लेकिन इस आलस्य को छोड़कर

ब्रह्ममुहूर्त में उठना चाहिए। सुबह स्नान करने से दिनभर ऊर्जा बनी रहती है। देर तक सोने से शरीर में अधिक गर्मी उत्पन्न होती है, जिससे सिरदर्द, आंखों में जलन, मूत्राशय और पेट में समस्याएं हो सकती हैं। सुबह जल्दी उठकर नित्यकर्म करने से इन समस्याओं से बचा जा सकता है।

वसंत ऋतु में शारीरिक स्वास्थ्य

वसंत ऋतु में खान-पान और रहन-सहन हेमन्त ऋतु के समान होना चाहिए, क्योंकि यह ऋतु भी ठंड के प्रभाव वाली होती है। इस समय जो लोग रसायन का सेवन करना चाहते हैं, उन्हें बड़ी हर्रा और पिपली पाउडर को समान मात्रा में मिलाकर सुबह लहसुन के सेवन के कुछ देर बाद खाना चाहिए। इससे शरीर को शुद्ध और संतुलित रखने में मदद मिलती है।

इस मौसम में ताजे, सुपाच्य और हल्के भोजन का सेवन करें। आलस्य को त्यागकर नियमित योग, ताजी हवा में समय बिताना और संतुलित जीवनशैली अपनाना शारीरिक स्वास्थ्य के लिए अत्यधिक लाभकारी होता है।

10

नहीं रोकने योग्य वेग

हम जो भी भोजन करते हैं, उसका सही पाचन होने पर पोषण देने वाला शरतत्त्व रस शरीर को शक्ति और ऊर्जा प्रदान करता है, जबकि अवशिष्ट पदार्थ मल, मूत्र आदि के रूप में शरीर से बाहर निकल जाता है। यह प्रकृति का एक स्वाभाविक कार्य है जो शरीर को स्वस्थ और रोगमुक्त रखने के लिए लगातार होता रहता है। यदि मल, मूत्र, अपानवायु आदि प्राकृतिक वेगों को रोका जाए, तो शरीर स्वस्थ नहीं रह सकता।

चरक संहिता के अध्याय 6 के पहले और दूसरे श्लोक में बताया गया है:

"हिमजनित मल-मूत्र का वेग न रोकें। न वीर्य, न वायु, न उल्टी, न छींक, न जम्हाई, न भूख, न प्यास, न भाप, न नींद और न थकान को रोकना चाहिए।"

अर्थात, बुद्धिमान व्यक्ति को मल, मूत्र, वीर्य, अपानवायु, छींक, डकार, भूख, प्यास, आंसू और निद्रा जैसे प्राकृतिक वेगों को नहीं रोकना चाहिए। इन्हें रोकने से शरीर कमजोर हो जाता है और विभिन्न प्रकार की बीमारियों का कारण बनता है।

प्राकृतिक वेगों को रोकने के हानिकारक प्रभाव:

मल:

मल के वेग को रोकने से ग्रहणी (छोटी आंत) में दर्द, सिरदर्द, कब्ज, पेट में गैस और दूषित गैस के कारण जोड़ों में सूजन हो जाती है। इससे गठिया और जोड़ों का दर्द होने की संभावना बढ़ जाती है।

मूत्रः

मूत्र को रोकने से मूत्रमार्ग और मूत्राशय में दर्द, पेट के निचले हिस्से में दर्द और मूत्र असंयम की समस्या हो सकती है।

वीर्यः

वीर्य को रोकने से अंडकोष और शुक्राणु तंत्र में सूजन, दर्द और भारीपन उत्पन्न होता है। इससे हृदय रोग होने की संभावना भी बढ़ जाती है। चरक संहिता के अनुसार, यह समस्या अविवाहित युवकों में अधिक होती है, जो अपने वातावरण से अत्यधिक प्रभावित होते हैं।

अपानवायुः

अपानवायु की गति को रोकने से कब्ज, आंतों के विकार, पेट दर्द, हड्डियों में दर्द, पेट फूलना और वायु रोग जैसी समस्याएं हो सकती हैं।

वमन (उल्टी):

उल्टी को रोकना कठिन है, लेकिन यदि इसे रोका जाए तो इससे खाने में अरुचि, पीलिया, बुखार और अन्य जठराग्नि संबंधित समस्याएं हो सकती हैं।

छींकः

छींक को रोकने से गले में खराश, सिरदर्द, इंद्रियों की कमजोरी और मस्तिष्क में असुविधा हो सकती है।

डकार

डकार का वेग रोकने से शरीर पर गंभीर प्रभाव पड़ता है। इसके अवरोध से पेचिश, खांसी, बुखार, हृदय रोग और सीने में दर्द जैसी समस्याएं उत्पन्न हो सकती हैं।

जम्हाई

जम्हाई शरीर के अंदर निष्क्रिय वायु के बाहर निकलने की प्रक्रिया है। इसे रोकने से अंग

सुन्न हो जाते हैं, तंद्रा की स्थिति उत्पन्न होती है, अंग निद्रालु हो जाते हैं, और थकान जैसी अन्य समस्याएं सामने आती हैं।

भूख

भूख ठोस पदार्थों की शारीरिक आवश्यकता को इंगित करती है। इसे रोकने से शारीरिक कमजोरी, असामान्य परिवर्तन, हाथ-पैरों में दर्द और कानों में घंटी बजने जैसी समस्याएं होती हैं।

प्यास

प्यास तरल पदार्थ की शारीरिक आवश्यकता का संकेत देती है। इसे रोकने से गला और मुंह सूखने लगते हैं, कानों में आवाजें आती हैं, थकान और हृदय रोग जैसी समस्याएं हो सकती हैं।

आँसू

आँसू भावनात्मक अभिव्यक्ति का माध्यम हैं। इनके प्रवाह को रोकने से सर्दी, आंखों में दर्द, भूख न लगना, सिरदर्द, दाद और हृदय रोग जैसी बीमारियां हो सकती हैं।

नींद

नींद शारीरिक और मानसिक थकान का प्रतीक है। इसे रोकना मुश्किल है, लेकिन रात में बार-बार जागने से नींद बाधित हो सकती है। इसके परिणामस्वरूप आंखों में जलन, लालिमा, ऐंठन, कब्ज और अन्य समस्याएं उत्पन्न हो सकती हैं। सही समय पर नींद न लेने से शरीर की कार्यप्रणाली पर प्रतिकूल प्रभाव पड़ता है।

साँस

साँस लेना एक नियमित प्रक्रिया है। परिश्रम के समय इसकी गति बढ़ जाती है। जबरन सांस रोकने से फेफड़े और हृदय संबंधी समस्याएं हो सकती हैं। इससे बेहोशी, ऐंठन और थकावट जैसी समस्याएं उत्पन्न होती हैं।

खांसी

खांसी आमतौर पर फेफड़ों और गले की समस्याओं का संकेत देती है। आयुर्वेद ग्रंथ सुश्रुत संहिता के अनुसार, खांसी के वेग को रोकना नहीं चाहिए। ऐसा करने से फेफड़े, गले, हृदय और मस्तिष्क से संबंधित गंभीर समस्याएं हो सकती हैं।

प्राकृतिक वेगों को रोकने से शारीरिक और मानसिक स्वास्थ्य पर गंभीर नकारात्मक प्रभाव पड़ता है। इनका स्वाभाविक प्रवाह बनाए रखना स्वास्थ्य के लिए अत्यंत आवश्यक है। प्राकृतिक वेगों को रोकना शरीर के लिए अत्यंत हानिकारक है। इसे रोकने से शारीरिक और मानसिक स्वास्थ्य पर नकारात्मक प्रभाव पड़ता है। इन वेगों को स्वाभाविक रूप से बाहर निकलने देना ही स्वास्थ्य के लिए लाभकारी है।

11

पुत्री के नाम पत्र

प्रिय पुत्री,

तुम्हें शुभ आशीर्वाद।

मैं आशा करता हूँ कि तुम जीवन में कुशल और सफल बनने की आकांक्षा रखती हो। इस पत्र में, मैं तुम्हारे साथ कुछ विचार साझा करना चाहता हूँ जो नैतिक कर्तव्यों, आदर्शों, और उन सिद्धांतों से संबंधित हैं जो सफलता प्राप्त करने के लिए ध्यान में रखने चाहिए। इन्हें स्वीकार करना या न करना पूरी तरह तुम्हारे विवेक पर निर्भर है, क्योंकि तुम शिक्षित हो और निर्णय लेने में सक्षम हो। लेकिन यह जान लो कि शिक्षित होना अपने आप में यह सुनिश्चित नहीं करता कि कोई व्यक्ति विनम्र, सभ्य, विद्वान, सुसंस्कृत, नैतिक या चरित्रवान हो।

किसी व्यक्ति के चरित्र को उसके पालन-पोषण, पारिवारिक माहौल, सामाजिक दायरे और संगति द्वारा गहराई से प्रभावित किया जाता है। भविष्य इन्हीं कारकों से निर्धारित होता है। याद रखना, कोई भी व्यक्ति जन्म से परिपक्व या बुद्धिमान नहीं होता।

सुसंगत अमृत हो, कुसंगत विष हो । त्यसैले विचार गरेर संगत गर्ने गर्नु, छोरी !

निरंतरता अमृत के समान है, जबकि अस्थिरता विष के समान। यदि तुम चोरों की संगति में रहोगी, तो एक गुणी पुत्री भी चोर जैसी आदतें अपना सकती है। दूसरी ओर, सद्गुणी व्यक्तियों की संगति से कोई व्यक्ति गुणी बन सकता है। अपराधियों के साथ रहने से साधु

नहीं बन सकते, और अनैतिक लोगों की संगति से सद्गुणी महिला का निर्माण नहीं हो सकता।

अपनी संगति को लेकर सतर्क रहो। विचार संगति से प्रभावित होते हैं, कर्म विचारों से संचालित होते हैं, और भाग्य कर्मों का परिणाम होता है। बुरी संगति से अच्छे विचार उत्पन्न नहीं हो सकते, और सद्गुणी लोगों के निरंतर संपर्क से बुरे विचार दूर रहते हैं, जिससे अच्छे कर्म और सफलता की ओर मार्ग प्रशस्त होता है।

यदि तुम सकारात्मक विचारों को अपनाओगी, तो वे तुम्हारे अवचेतन मन में बस जाएंगे और समय आने पर तुम्हें अच्छे कार्यों की ओर प्रेरित करेंगे। इसके परिणाम भी सकारात्मक होंगे। इसके विपरीत, यदि तुम्हारा मन नकारात्मक विचारों से भरा रहेगा, तो वे बुरे कार्यों को जन्म देंगे, जिससे प्रतिकूल परिणाम और दुर्भाग्यपूर्ण भविष्य बन सकता है।

इसे आम के पेड़ लगाने की तरह समझो। यदि तुम इमली का बीज लगाती हो, तो क्या कुछ वर्षों बाद आम खाने की आशा कर सकती हो? बिल्कुल नहीं। यदि इमली का पेड़ लगाने के बाद तुम दूसरों को आम खाते देखती हो और इसे भाग्य को दोष देती हो, तो यह भाग्य नहीं बल्कि तुम्हारे कर्म हैं जो दोषी हैं। आज की जागरूकता ही तुम्हारे कल का भाग्य तय करेगी।

बुद्धि, मेरी प्रिय पुत्री, बाजार में खरीदी नहीं जा सकती। यह कुछ ऐसा है जो निरंतर अभ्यास के माध्यम से विकसित और परिष्कृत होती है। बाजार में तुम ज्ञान बढ़ाने के लिए किताबें खरीद सकती हो, परंतु स्वयं बुद्धिमत्ता नहीं। तुम भोजन खरीद सकती हो लेकिन भूख नहीं; दवा खरीद सकती हो लेकिन स्वास्थ्य नहीं।

इसीलिए, मेरी प्यारी बेटी, तुम्हें हमेशा अभ्यास के माध्यम से अपनी बुद्धिमत्ता और ज्ञान को बढ़ाने का प्रयास करना चाहिए। एक विद्यार्थी के लिए अभ्यास सबसे बड़ा बल है। अभ्यास से, सबसे आलसी व्यक्ति भी बुद्धिमान बन सकता है और महानता प्राप्त कर सकता है।

मैं पहले ही यह बता चुका हूँ कि सही संगति का चयन करना कितना महत्वपूर्ण है, क्योंकि यह तुम्हारे चरित्र और भविष्य को गहराई से प्रभावित करती है। निरंतरता अमृत के समान है, जबकि अस्थिरता विष के समान। यदि तुम चोरों की संगति में रहोगी, तो सबसे शुद्ध हृदय भी उनकी आदतें अपना सकता है। सद्गुणी व्यक्तियों की संगति में, कोई व्यक्ति सद्गुणी बन सकता है। अपराधियों की संगति से साधु नहीं बन सकते, और अनैतिक संगति से सदाचारिणी महिला का निर्माण नहीं हो सकता।

उन लोगों के बारे में अत्यधिक सतर्क रहो जिनके साथ तुम अपना समय बिताती हो, क्योंकि संगति विचारों को प्रभावित करती है, विचार कर्मों का मार्गदर्शन करते हैं, और कर्म भाग्य को निर्धारित करते हैं। बुरी संगति से अच्छे विचार उत्पन्न होना असंभव है। जैसे सद्गुणी व्यक्तियों के निरंतर संपर्क से बुरे विचारों का प्रभाव कम होता है और सकारात्मकता की ओर खींचा जाता है।

जब तुम अच्छे विचारों को अपनाती हो, तो वे तुम्हारे अवचेतन मन में बस जाते हैं और सही अवसर आने पर तुम्हारे कार्यों को अच्छे कर्मों की ओर प्रेरित करते हैं। ऐसे कर्म स्वाभाविक रूप से अच्छे परिणाम देते हैं। इसके विपरीत, यदि तुम बुरे विचारों को मन में स्थान दोगी, तो वे समय आने पर बुरे कर्म करवाएंगे और प्रतिकूल परिणाम देंगे। यह तुम्हारे भाग्य को आकार देगा।

इसे एक बीज बोने की प्रक्रिया से समझो। यदि तुम इमली के बीज लगाती हो, तो इमली ही प्राप्त होगी। यदि तुम वर्षों बाद आम खाना चाहती हो, तो आज आम का पेड़ लगाना आवश्यक है। इमली के बीज बोकर यह सोचना कि भाग्य ने तुम्हें आम से वंचित कर दिया, तर्कहीन है।

आज जागरूक रहना और सही चुनाव करना बेहद जरूरी है, मेरी बेटी। आज के तुम्हारे कर्म ही तुम्हारे कल के भाग्य का निर्माण करेंगे।

बुद्धि किसी भी बाजार में खरीदी नहीं जा सकती। यह निरंतर अभ्यास के माध्यम से विकसित और परिष्कृत होती है। किताबें तुम्हारे ज्ञान को बढ़ा सकती हैं, लेकिन वे तुम्हें बुद्धिमत्ता नहीं दे सकतीं। भोजन खरीदा जा सकता है, लेकिन भूख नहीं; दवा खरीदी जा सकती है, लेकिन स्वास्थ्य नहीं।

इसीलिए, तुम्हें अभ्यास के माध्यम से अपनी बुद्धि और ज्ञान को निरंतर बेहतर बनाने का प्रयास करना चाहिए। याद रखना, एक विद्यार्थी की सबसे बड़ी ताकत अभ्यास है। समर्पण और प्रयास से, सबसे आलसी व्यक्ति भी बुद्धिमान बन सकता है।

मुझे विश्वास है कि अब तक तुम यह समझ गई होगी कि ज्ञान और बुद्धि प्राप्त करने का और उनकी शक्ति बढ़ाने का सबसे अच्छा तरीका निरंतर अभ्यास है। बिना आलस्य और लापरवाही के, नियमित रूप से अभ्यास करती रहो। यह तुम्हारी बुद्धि को पोषित करने,

स्वास्थ्य की रक्षा करने और शारीरिक शक्ति बढ़ाने की सर्वोत्तम उम्र है।

चाहे कठिनाइयाँ आएं या कष्ट सहने पड़ें, तुम्हें सीखने के प्रति अपनी प्रतिबद्धता को कमजोर नहीं होने देना है।

यदि आराम और आसानी की इच्छा तुम्हारे सीखने की लगन से अधिक हो जाती है, तो तुम अपने विकास के अवसर खो दोगी। याद रखना, जो लोग इस उम्र में अस्थायी सुख की तलाश करते हैं, वे सच्चे ज्ञान को प्राप्त नहीं कर पाते, और जो लोग ज्ञान को पूरी तरह से अपनाते हैं, उन्हें अस्थायी सुखों का त्याग करना पड़ता है। यह क्षणिक सुख और स्थायी सफलता के बीच का चुनाव है।

तुम्हें अपने अध्ययन में उत्कृष्टता प्राप्त करने के लिए कड़ी मेहनत करनी होगी, और निरंतर अभ्यास के माध्यम से अपनी बुद्धि को तेज बनाना होगा। तुम्हारी स्मरण शक्ति को तीव्र बनाए रखने और इसे कमजोर होने से बचाने की कुंजी लगातार प्रयास और नियमित विद्या-अभ्यास में निहित है।

पुत्री, इस पर चिंतन करो: जैसे एक पक्षी तिनका-तिनका जोड़कर अपना घोंसला बनाता है, या पानी बूंद-बूंद करके घड़े को भरता है, या एक मकान ईंट-ईंट जोड़कर बनाया जाता है, वैसे ही तुम्हें अपने मन के भंडार को ज्ञान से भरना होगा। तुम्हारा हर एक पल अमूल्य है, क्योंकि जो समय एक बार चला गया, वह कभी वापस नहीं आता।

तुम्हारे जीवन में मनोरंजन और आराम के लिए बहुत समय मिलेगा, लेकिन यह सुनहरा काल, जो सीखने का है, कभी वापस नहीं आएगा। यदि तुम इस समय का उपयोग अपने शरीर और मन को मजबूत बनाने में नहीं करती, या यदि तुम महत्वपूर्ण योग्यताएँ प्राप्त करने का यह अवसर चूक जाती हो, तो तुम्हारा भविष्य अफसोस और अंधकारमय महसूस होगा।

विद्या में निपुण होने के लिए, इसे प्रतिदिन शांत और केंद्रित मन से अभ्यास करो। अपने नियमित अध्ययन के साथ-साथ, अच्छी किताबें और समाचारपत्र पढ़ो ताकि तुम्हारा सामान्य ज्ञान बढ़े। केवल पाठ्यक्रम तक ही सीमित मत रहो; इसके बजाय, दुनिया को समझने के लिए कुछ समय अवश्य निकालो। याद रखना, समग्र रूप से विकसित होना अकादमिक उत्कृष्टता जितना ही महत्वपूर्ण है।

पुत्री, तुम्हारे जीवन के ये 25 वर्ष, जो ब्रह्मचर्य आश्रम के अंतर्गत आते हैं, तुम्हारे आधारशिला के वर्ष हैं। इनमें से पहले पाँच वर्ष बचपन में व्यतीत होते हैं, जिससे तुम्हारे पास

20 वर्ष समर्पित रूप से सीखने के लिए बचते हैं। लेकिन, आओ विश्लेषण करें कि वास्तव में तुम्हारे पास कितना समय उपलब्ध है।

यदि तुम प्रतिदिन औसतन आठ घंटे सोती हो, तो यह प्रति वर्ष 2,920 घंटे बनता है—जो कि 4 महीने, 1 दिन, और 16 घंटे के बराबर है। 20 वर्षों में, यह 6 वर्ष, 9 महीने, 3 दिन, और 8 घंटे हो जाता है। इसके अलावा, दैनिक कार्य जैसे दिशा-निर्देश, स्नान, भोजन, स्कूल आने-जाने और अन्य छोटे कार्यों में प्रतिदिन 5 घंटे खर्च होते हैं। यह प्रति वर्ष 1,825 घंटे बनता है—लगभग 2 महीने, 20 दिन, और 20 घंटे। 20 वर्षों में, यह 10 वर्ष, 11 महीने, और 24 दिन हो जाता है।

अब सोचो, तुम्हारे पास वास्तव में कितना समय बचता है: सिर्फ 9 साल, 1 महीना, 5 दिन, और 2 घंटे। इसमें से, खेल, बातचीत, टेलीविजन, वीडियो, फिल्में और अन्य मनोरंजन में बिताए गए घंटे घटा दो। अब स्वयं हिसाब लगाओ कि वास्तव में कितना समय बचता है। यही सीमित समय है जिसमें तुम्हें एक उन्नत, श्रेष्ठ, सुखी, और समृद्ध जीवन गढ़ने का प्रयास करना है।

ज्ञान और बुद्धिमत्ता की कोई सीमा नहीं होती। तुम्हें गहराई से विचार करना चाहिए कि अपने लक्ष्यों को प्राप्त करने के लिए छात्र जीवन में कितना समय और प्रयास आवश्यक है। जो समय एक बार चला गया, वह कभी वापस नहीं आता। अपने आप से पूछो: अब तक बीते समय से क्या पाया? क्या सीखा? कितना सुधार किया, या क्या उसे व्यर्थ जाने दिया?

ये 25 वर्ष तुम्हारे जीवन का सुनहरा काल है, जिसमें पढ़ने, लिखने, और सीखने का अवसर है। यह तुम्हारे भविष्य की नींव को मजबूत करने का समय है। तुम इस समय का उपयोग कैसे करती हो, यह तय करेगा कि कल तुम क्या प्राप्त कर सकती हो, कहाँ खड़ी होगी, और तुम्हें क्या मिलेगा।

सफल होने के लिए अभी से शुरुआत करो। अपना स्वास्थ्य बनाए रखने और अपनी सुंदरता को बढ़ाने के लिए पौष्टिक भोजन ग्रहण करने का प्रयास करो। तुम्हारा छात्र जीवन तुम्हारे चरित्र को परिष्कृत करने, व्यक्तित्व को विकसित करने और सच्चा ज्ञान अर्जित करने का समय है। अपने मन, वाणी, और कर्मों को सीखने में समर्पित करो, सभी विचलनों और अस्थायी सुखों को त्यागकर।

यही तुम्हारा समय है, पुत्री। इसे बुद्धिमानी से उपयोग करो।

जीवन में कुछ प्राप्त करने के लिए, आगे बढ़ने और विकास करने के लिए, तुम्हें नियमों और

अनुशासन का पालन करना होगा। ये मुश्किल और चुनौतीपूर्ण लग सकते हैं, लेकिन याद रखो, जीवन की सच्ची और मूल्यवान चीजें चुनौतियों को स्वीकार करने से ही मिलती हैं। आसान कार्य हर कोई कर सकता है, लेकिन सफलता कठिनाइयों का सामना करने और उन्हें पार करने में है।

सोचो: हीरे धरती की गहराई में पाए जाते हैं। वे कोयले के भीतर छिपे होते हैं और उन्हें केवल कठिन परिश्रम, जोखिम और धैर्य से निकाला जा सकता है। बिना अनुशासन और नियमों के पालन के, न केवल तुम अपना हीरा खो सकती हो, बल्कि अपनी राह भी भटक सकती हो। नीतियाँ और सिद्धांत सफलता की नींव हैं। इसके विपरीत, बर्बादी के लिए कोई प्रयास नहीं चाहिए—it आसानी से आ जाती है। विनाश तेज होता है, जबकि निर्माण धीमा और श्रमसाध्य।

कभी-कभी, लापरवाही या मौज-मस्ती में लिए गए बुरे निर्णय खुशी देते हुए प्रतीत हो सकते हैं, लेकिन उनके परिणाम विनाशकारी हो सकते हैं। यही कारण है कि हम अक्सर लोगों के बारे में सुनते हैं, जो अपनी गलतियों से अभिभूत हो जाते हैं, यहाँ तक कि निराशा में डूब जाते हैं। इसलिए, पुत्री, हर कार्य को करने से पहले सावधानीपूर्वक सोचो और समझो।

अपने विचारों को शुद्ध और सकारात्मक रखो, क्योंकि बुरे विचार चिंगारी के समान होते हैं, जो विनाशकारी आग को भड़का सकते हैं। एक बार जब बुरे विचार तुम्हारे अवचेतन मन में जड़ पकड़ लेते हैं, तो वे तुम्हारे व्यवहार और निर्णयों को प्रभावित करते हैं। कठोर शब्द मत बोलो, क्योंकि वे दूसरों के हृदय में गहरे घाव कर सकते हैं। क्षमा मिल सकती है, लेकिन चोट पहुँचाने वाले शब्दों का दर्द लंबे समय तक बना रहता है। दोस्तों और प्रियजनों के साथ भी, अपने शब्दों का चयन सोच-समझकर करो ताकि तुम्हें बाद में पछताना न पड़े।

पुत्री, कभी भी डर को अपने जीवन पर हावी मत होने दो। हमेशा साहसी बनो और गुस्से या अत्यधिक खुशी के क्षणों में निर्णय लेने से बचो। धैर्य और दृढ़ता तुम्हारे सबसे बड़े साथी हैं। बिना किसी को नुकसान पहुँचाए खुशी की तलाश करो और दूसरों के साथ वैसा ही व्यवहार करो, जैसा तुम अपने लिए चाहती हो। संतोष और आत्मसंतुष्टि शांतिपूर्ण जीवन की कुंजी हैं।

यदि तुम स्वस्थ रहना चाहती हो, तो सुख-सुविधाओं में अति करने से बचो। यदि समृद्धि की आकांक्षा रखती हो, तो अनावश्यक खर्चों और आलस्य को त्याग दो। कार्य करने से पहले सोचो, बोलने से पहले विचार करो, और मित्रों का चुनाव सावधानीपूर्वक करो। जैसे पानी को कपड़े से छानकर शुद्ध किया जाता है, वैसे ही अपने विचारों और कार्यों को भी छानकर शुद्ध बनाओ।

मूर्खों या दुष्टों को उपदेश देने में अपना समय व्यर्थ मत करो—वे न तुम्हारी बुद्धि का मूल्य समझेंगे और न ही उसकी सराहना करेंगे। बल्कि, वे तुमसे नाराज़ भी हो सकते हैं। अपने मन और पेट को साफ रखो, क्योंकि ये शारीरिक और मानसिक स्वास्थ्य की नींव हैं। शुद्ध मन अच्छे आचरण को जन्म देता है, और साफ पेट शरीर को मजबूत और स्वस्थ बनाता है।

रात को जल्दी सोने और सुबह जल्दी उठने की आदत डालो। बाईं करवट सोओ और दाईं करवट उठो। दिन की शुरुआत अपने दैनिक कार्यों को पूरा करने के बाद एक साफ और खुश मन से करो। खुशी एक फिट और मजबूत शरीर का रहस्य है। चिंता से बचो, क्योंकि यह तुम्हारी ताकत, स्फूर्ति और ऊर्जा को खत्म कर देती है, और तुम्हारे पाचन, नींद और समग्र स्वास्थ्य को कमजोर करती है।

मादक पदार्थों से दूर रहो और किसी भी चीज़ में अति से बचो—चाहे वह दौड़ना हो, तैरना हो, काम करना हो, बात करना हो, हँसना हो, खाना हो, या उपवास करना। यात्रा के दौरान अजनबियों द्वारा दिया गया भोजन मत ग्रहण करो। अपने सिर को गर्मी से, छाती को ठंड से, आँखों को तेज हवा और उजाले से, कानों को तेज़ आवाज़ से, और अपने हाथ-पैरों को गलत कार्यों और रास्तों से बचाओ।

पुत्री, ये छोटे-छोटे कार्य और सावधानियाँ तुम्हारे स्वास्थ्य, चरित्र, और भविष्य को आकार देंगे। हमेशा याद रखना कि अनुशासन और बुद्धिमत्ता तुम्हारी सच्ची संपत्ति हैं, और इनके साथ तुम एक सुखद और उद्देश्यपूर्ण जीवन का निर्माण कर सकती हो।

मुझे विश्वास है कि तुम बीते हुए कल पर अधिक नहीं सोचोगी और न ही आने वाले कल को लेकर अत्यधिक चिंतित होगी। वर्तमान क्षण में जीना ही जीवन का सार है। अतीत के लिए शोक करना आसक्ति का प्रतीक है, भविष्य की चिंता करना लोभ का परिणाम है, लेकिन वर्तमान में जीना ही सच्चा कर्मयोग है। मुझे विश्वास है कि तुम कर्मयोगी की भावना को अपनाओगी।

अक्सर लोग बीते हुए समय की गलतियों, भय, और पछतावे में फंसे रहते हैं। जो कुछ भी कल हुआ, चाहे वह अज्ञानवश हुआ हो या गलत संगति के प्रभाव से, वह अब समाप्त हो चुका है। इन गलतियों को तुम्हारे ऊपर हावी न होने दो। इसके बजाय, एक दृढ़ संकल्प, एक शिवसंकल्प करो कि ऐसी गलतियों को फिर से नहीं दोहराओगी। याद रखना, गलती करना मनुष्य का स्वभाव है, और यह एक बार हो सकती है। लेकिन गलतियों को बार-बार दोहराना उसे अपराध बना देता है। और तुम अपराधी नहीं बनोगी, पुत्री।

मुझे पता चला है कि तुम निराश हो क्योंकि अभी तक तुम्हें अपने लक्ष्य की प्राप्ति नहीं हुई है। लेकिन निराश क्यों होना? सफलता प्राप्त करने के लिए केवल सोचने से काम नहीं चलेगा; इसके लिए संकल्प, परिश्रम, और दृढ़ता से काम करना होगा। सफलता दुःख या निराशा से नहीं, बल्कि कुशल कर्म और धैर्य से मिलती है।

पुत्री, दुःख को अपने ऊपर हावी मत होने दो। असफलताएँ आ सकती हैं, लेकिन उन्हें निराशा का कारण मत बनने दो। अपने हृदय से हीनता और निराशा की भावनाओं को दूर करो। यह मत सोचो कि तुम्हारा जीवन निरर्थक है या केवल दुःख और कठिनाइयों से भरा है। इसके बजाय, यह मानो कि भगवान तुम्हारी शक्ति और पवित्रता की परीक्षा ले रहे हैं, और तुम्हें एक मजबूत व्यक्तित्व में ढाल रहे हैं।

जैसे सोने को आग में तपाकर शुद्ध और हथौड़े से पीटकर मजबूत किया जाता है, वैसे ही तुम्हें भी चुनौतियों का सामना करना होगा ताकि तुम और अधिक शुद्ध और दृढ़ बन सको। गुलाब के बारे में सोचो: उसकी सुंदरता और सुगंध प्रकृति को संवारती है, लेकिन वह कांटों के बीच खिलता है। कांटों पर ध्यान मत दो, पुत्री। गुलाब की सुंदरता और उसकी सुगंध को सराहो। याद रखो, कांटे भी गुलाब की वजह से एक आभूषण बन जाते हैं। इसी तरह, तुम भी अपनी कठिनाइयों को सहो और अपनी सुगंध को दुनिया में फैलाओ।

डरो या घबराओ मत, पुत्री। दुःख अस्थायी होते हैं। खुशी और दुःख, लाभ और हानि, मिलन और बिछड़ाव, जन्म और मृत्यु, सम्मान और अपमान—ये सभी जीवन के अभिन्न अंग हैं। इनका सामना साहस के साथ करो। भगवान केवल तुम्हारी परीक्षा ले रहे हैं; मुस्कुराओ और इस चुनौती को स्वीकार करो। धैर्य रखो और अधीरता को अपने पास मत आने दो।

ये दुःख के बादल एक दिन छट जाएंगे, और सुख का सूरज फिर से चमकेगा। शांति और संतोष की रोशनी सब कुछ प्रकाशित करेगी, और प्रसन्नता का फूल खिल उठेगा। हर कड़वे या कठिन अनुभव से भविष्य के लिए कुछ न कुछ सीखने को मिलता है। जो लोग अपने अनुभवों से नहीं सीखते, वे मूर्ख हैं।

याद रखना, जीवन में संघर्ष और टकराव हमें मजबूत बनाते हैं। दुनिया की वस्तुएँ टकराने पर टूट जाती हैं, लेकिन मनुष्य चुनौतियों से आकार लेता है और निखरता है। इसलिए, पुत्री, ठोकर खाने या गिरने से मत डरो। बाधाओं का मुस्कान के साथ सामना करो, उनसे सीखो, और उनसे ऊपर उठो। इस सत्य का ध्यान करो और इसे अपने जीवन का मार्गदर्शक बनाओ।

शिक्षा एक खजाना है, एक ऐसा धन जिसे कोई चुरा नहीं सकता और नष्ट नहीं कर सकता। यह एक अनोखा धन है—जो बाँटने से घटता नहीं, बल्कि बढ़ता है। शिक्षा माँ की तरह पोषण

करती है, पिता की तरह सुरक्षा देती है, समर्पित जीवनसाथी की तरह धैर्य और उत्साह देती है, और अपरिचित परिस्थितियों में एक वफादार मित्र की तरह सहारा प्रदान करती है। यह जीवनभर का साथी है, जो भाई-बहन के समान शक्ति और मार्गदर्शन देता है।

पुत्री, जब भी दान करो, तो इसे सच्चे और विनम्र हृदय से करो। दान देते समय मधुर शब्द बोलो और अपनी उदारता का घमंड कभी न करो। अपने अच्छे कर्मों को दुनिया के सामने प्रकट करने की आवश्यकता नहीं है। इसी प्रकार, अपने ज्ञान को लेकर भी कभी अभिमानी मत बनो। सच्ची बुद्धिमत्ता विनम्रता और क्षमा में निहित है।

कभी भी किसी आकर्षक युवक की चंचल आँखों या बातों से बहकना मत। न ही किसी की कठोर आलोचना तुम्हें क्रोधित करे। हर स्थिति में अपने चरित्र की रक्षा करो। दूसरों के धन की लालसा मत करो और अपनी नैतिकता को बनाए रखो, भले ही परिस्थितियाँ तुम्हें किसी और के प्रभाव या अधीन कर दें। जब भी कोई शत्रु तुम्हारे घर आए, तो उसका आदर और आतिथ्य करो।

दूसरों द्वारा किए गए उपकार को याद रखो और आभार व्यक्त करो, लेकिन अपने किए उपकार को बार-बार याद दिलाना उचित नहीं। किसी की पीठ पीछे निंदा करने से बचो, और यदि तुम्हें दोष दिया जाए या अपमानित किया जाए, तो शांत और संयमित रहो। जिन्होंने तुम्हारी सहायता की है, उनके प्रति हमेशा दयालु रहो और किसी की कमजोरी का लाभ उठाने से बचो।

बिना मांगे किसी को सलाह मत दो और बिना कारण दूसरों के यहाँ बार-बार जाने से बचो। दूसरों की सफलता का उत्सव सच्चे हृदय और विनम्रता के साथ मनाओ। सफलता और समृद्धि के समय में हमेशा जमीन से जुड़े रहो, और संकट के समय चुनौतियों का साहस के साथ सामना करो।

हमेशा दूसरों के दुःख को अपना समझो। परोपकारी बनो और सेवा का अवसर मिलने पर आभार प्रकट करो। धैर्य और बुद्धिमत्ता को कभी न छोड़ो, और अपने कार्यों में कपट या छल से बचो। दूसरों के नुकसान पर कभी अपनी खुशी मत ढूँढो, और न ही अधिक सोच-विचार करके अपने निर्णयों को धुंधला होने दो। सफलता या असफलता, दोनों में संतुलन बनाए रखो—न अधिक खुश हो और न ही अधिक निराश।

अपने समय, ऊर्जा, और संसाधनों का विवेकपूर्ण उपयोग करो; उन्हें व्यर्थ कार्यों में बर्बाद मत करो। एक अनुशासित दिनचर्या का पालन करो—समय पर खाओ, सोओ, और काम करो। बीते हुए समय की पीड़ा पर बार-बार विचार मत करो।

हमेशा भगवान और मृत्यु की सच्चाई को अपने विचारों में रखो; ये तुम्हें जमीन से जोड़े रखेंगे। असफलता का सामना करने पर कभी हिम्मत मत हारो; इसे एक चुनौती मानकर नए जोश और दृढ़ता के साथ काम करो। सफलता और असफलता एक ही सिक्के के दो पहलू हैं। याद रखना, जो गिरने के बाद फिर उठ खड़े होते हैं, वही सच्चे योद्धा हैं।

अपनी संपत्ति, कमजोरियों, पारिवारिक खामियों, व्यक्तिगत योजनाओं, दोस्तों की कमियों, दिए गए उपहारों, किए गए उपकारों, या झेले गए अपमान के बारे में चर्चा मत करो।

ये बातें निजी रखनी चाहिए। किसी पुरुष की आय या किसी महिला की जीवन प्रत्याशा के बारे में सवाल मत करो। किसी अजनबी के साथ अकेले रहने या यात्रा करने से बचो, क्योंकि यह तुम्हें कमजोर स्थिति में डाल सकता है।

जब तक तुम्हारी योजनाएँ पूरी न हों, उन्हें अपने तक ही सीमित रखो। उन्हें जल्दबाजी में प्रकट मत करो, क्योंकि गोपनीयता अक्सर सफलता की कुंजी होती है।

गलत आहार से पेट खराब होता है। आलस्य एक दिन बर्बाद कर देता है। मूर्ख पुत्र एक परिवार को नष्ट कर देता है। झूठ वाणी को दूषित करता है। अति विचारों को भ्रष्ट कर देती है। अत्यधिक धन विवेक को धुंधला कर देता है। *और अपने कर्तव्यों को पूरा किए बिना जीना एक व्यर्थ जीवन है।*

याद रखना: नदी किनारे उगने वाले पेड़, धान के खेत में खरपतवार, अपराधियों की संगति में रहने वाले लोग, बार-बार दूसरों के घर जाने वाली महिलाएँ, अनुशासनहीन और अवज्ञाकारी बच्चे, फिजूलखर्च व्यापारी, भ्रष्ट अधिकारी, और जिन राज्यों में खुफिया तंत्र नहीं होता—इन सबका अंत निश्चित है, भले ही इसमें समय लगे।

कोई बीमारी कामवासना से बड़ी नहीं है, कोई आग क्रोध से भड़काऊ नहीं है, कोई जाल लालच से घातक नहीं है, और कोई अंधकार अज्ञानता से गहरा नहीं है। मूर्खता सबसे बड़ी कमजोरी है, भूख सबसे बड़ी गरीबी है, संतोष सबसे बड़ी खुशी है, ज्ञान सबसे बड़ा धन है, प्रेम सबसे मजबूत बंधन है, और भगवान से बड़ा कोई नहीं।

पुत्री, यदि जीतना चाहती हो तो अपनी इच्छाओं पर विजय पाओ। यदि मारना चाहती हो, तो अपनी बुरी आदतों को मारो। हमेशा मधुर वाणी बोलो। जब देखो, आत्मनिरीक्षण करो। जब सुनो, तो पीड़ितों की पुकार सुनो। अहंकार को त्याग दो।

अपना क्रोध पी जाओ; अपनी क्रूरता खा जाओ। धैर्यवान, विनम्र, और करुणामय बनो। नम्रता सीखो, बिना अहंकार के दान करो, केवल आशीर्वाद ग्रहण करो और प्रेम बाँटो। निःस्वार्थ सेवा करो और सदा भगवान की शरण में रहो।

कर्ज लेना क्षणिक राहत देता है, लेकिन उसे चुकाना कठिनाई लाता है। बुरे व्यक्ति से मित्रता पहली बार में सुखद लग सकती है, लेकिन बाद में दर्द देती है। हानिकारक इच्छाओं को पूरा करना क्षणिक आनंद देता है, लेकिन असहनीय परिणाम लाता है। बिना सोचे-समझे impulsive कार्य करना आसान है, लेकिन उसके परिणाम सहना हमेशा कठिन होता है।

कंजूस को दान देना और लालची से भीख माँगना व्यर्थ है। चोर को रोशनी से घृणा होती है, मूर्ख को उपदेशक से, और कर्जदार को कर्ज देने वाले से। सुंदर लोग बुढ़ापे का विलाप करते हैं, और व्यभिचारी महिला अपने पति में रुचि खो देती है। गरीब अमीर से घृणा करता है, और दुःखग्रस्त व्यक्ति को कुछ भी अच्छा नहीं लगता।

फिर भी, यदि धैर्य और संतोष हो, तो गरीबी भी बोझ नहीं लगती। साधारण कपड़े भी खराब नहीं होते, यदि वे साफ हों। भोजन स्वादहीन हो सकता है, लेकिन यदि ताजा और गर्म हो, तो वह हमेशा अच्छा होता है। कोई व्यक्ति साधारण दिख सकता है, लेकिन यदि वह दयालु, मददगार, और मधुर स्वभाव का हो, तो वह सभी को प्रिय होता है। घर छोटा हो सकता है, लेकिन यदि वह साफ-सुथरा हो, तो वह हमेशा एक शरणस्थली जैसा लगता है।

एक स्वस्थ शरीर और एक प्रसन्नचित्त हृदय, पुत्री, जीवन में किसी भी चीज़ को अप्रिय नहीं लगने देता।

जिनके हृदय में दया और करुणा नहीं होती, वे अक्सर बिना किसी कारण के दूसरों से द्वेष रखते हैं। यह द्वेष अनावश्यक विवादों का बीज बन जाता है। जो लोग धन और भौतिक सुखों में अत्यधिक आसक्त होते हैं, जो अपने मित्रों और प्रियजनों की प्रगति से ईर्ष्या करते हैं, और जो अपने भाइयों की खुशी में भी असंतोष अनुभव करते हैं, वे अपनी नकारात्मकता के शिकार बन जाते हैं। जब ऐसे लोग थोड़ी सी भी समृद्धि प्राप्त करते हैं, तो उनका व्यवहार और दृष्टिकोण पूरी तरह बदल जाता है, और वे पहचान में भी नहीं आते। ये लोग न तो स्वयं सुखी रहते हैं और न ही दूसरों को सुखी रहने देते हैं। ऐसे व्यक्ति, जो उच्च मूल्यों से रहित होते हैं, पृथ्वी पर केवल एक बोझ के समान हैं।

एक सच्चा मित्र वही है जो आवश्यकता के समय तुम्हारे साथ हो: परदेश में साथी, आपदा में धैर्य का स्रोत, बीमारी में चिकित्सक, और धर्म के मार्ग पर मार्गदर्शक। युद्ध में हथियार मित्र है, और संकट के समय धर्म। लेकिन, पुत्री, स्वार्थी लोग, जिनके इरादे नीच, कटु और

छलपूर्ण होते हैं, सच्चे मित्र कभी नहीं हो सकते। ऐसे लोग न तो मित्रता निभाते हैं और न ही किसी के प्रति वफादार रहते हैं।

पुत्री, जीवन में मिलन और बिछड़ाव अवश्यंभावी हैं। जहाँ मिलन है, वहाँ एक दिन बिछड़ाव भी होगा। यही जीवन की प्रकृति है।

इस शाश्वत सत्य को याद रखना:

कामवासना सबसे बड़ी बीमारी है।

क्रोध सबसे भयंकर आग है।

लालच सबसे खतरनाक जाल है।

अज्ञानता सबसे गहरा अंधकार है।

मूर्खता सबसे कमजोर दोष है।

भूख सबसे बड़ी गरीबी है।

संतोष सबसे बड़ी खुशी है।

ज्ञान सबसे बड़ा धन है।

प्रेम सबसे मजबूत बंधन है।

और भगवान से बड़ा कोई नहीं है।

यदि तुम जीतना चाहती हो, तो अपनी इच्छाओं पर विजय प्राप्त करो। यदि तुम कुछ मारना चाहती हो, तो अपनी बुरी आदतों को मारो। मीठे वचन बोलो और आत्मनिरीक्षण करो। पीड़ितों की पुकार सुनो। अहंकार को त्याग दो, अपने क्रोध को पी लो, और अपनी क्रूरता को समाप्त कर दो। यदि तुम कुछ अपनाना चाहती हो, तो धैर्य और विनम्रता को अपनाओ। नम्रता से दान करो और आभार के साथ आशीर्वाद स्वीकार करो। प्रेम बाँटो और निःस्वार्थ सेवा करो। अपने जीवन की यात्रा को भगवान की शरण में पहुँचने के लिए समर्पित करो।

कर्ज लेना क्षणिक राहत दे सकता है, लेकिन उसे चुकाना हमेशा कठिन होता है। बुरे व्यक्ति

से मित्रता शुरू में सुखद लग सकती है, लेकिन बाद में दर्द देती है। गलत इच्छाओं को पूरा करना थोड़े समय का आनंद दे सकता है, लेकिन इसके परिणाम असहनीय हो सकते हैं। बिना सोचे-समझे कार्य करना आसान है, लेकिन उसके परिणाम सहन करना बहुत कठिन होता है।

कंजूस को दान देना और लालची से भीख माँगना व्यर्थ है। चोर को रोशनी से, और मूर्ख को सत्य सुनाने वाले उपदेशक से घृणा होती है। कर्जदार कर्ज देने वाले को नापसंद करता है, सुंदर लोग बुढ़ापे से डरते हैं, और व्यभिचारिणी स्त्री अपने पति के प्रति उदासीन हो जाती है। गरीब अमीरों से ईर्ष्या करते हैं, और दुःख से घिरे लोग किसी भी चीज़ में आनंद नहीं पाते।

लेकिन, मेरी प्रिय पुत्री, यदि किसी के पास धैर्य और संतोष हो, तो गरीबी भी बोझ नहीं लगती। साधारण कपड़े भी सुंदर लगते हैं यदि वे साफ हों। भोजन भले ही साधारण हो, लेकिन यदि ताजा और गर्म हो, तो वह संतोष देता है। कोई व्यक्ति दिखने में साधारण हो सकता है, लेकिन यदि वह दयालु, मददगार, और मधुर स्वभाव का हो, तो वह दूसरों के जीवन में प्रकाश लाता है। एक छोटा सा घर, यदि साफ-सुथरा और व्यवस्थित हो, तो वह भी एक शरणस्थली जैसा लगता है।

एक स्वस्थ शरीर और प्रसन्नचित मन, पुत्री, जीवन को सार्थक बनाते हैं।

कर्म शब्दों से अधिक प्रभावशाली होते हैं। बात करने से बेहतर है कि कार्य किया जाए। अनुभव केवल ज्ञान से श्रेष्ठ होता है। सच्चे भावनाएँ खोखले शब्दों से अधिक महत्व रखती हैं। ईमानदारी से दिया गया दान दिखावे के दान से अधिक मूल्यवान है। संयम का बल दमन से अधिक होता है। कटुता के बिना वैराग्य त्याग से बड़ा है। ध्यान स्मरण से श्रेष्ठ है, और अहिंसा सत्य से भी महान है। सबसे बढ़कर, यह याद रखना कि हर आत्मा तुम्हारी अपनी आत्मा जितनी ही महत्वपूर्ण है, सर्वोच्च सद्गुण है।

सद्गुणों के बिना सौंदर्य का कोई महत्व नहीं। विनम्रता के बिना ज्ञान व्यर्थ है। उद्देश्य के बिना धन बोझ है। भूख के बिना भोजन बेकार है। बुद्धि के बिना साहस मूर्खता है। कमजोर के हाथ में हथियार बेअसर है। उत्साह के बिना युवावस्था व्यर्थ है। प्रेम के बिना भाईचारा, और उदारता के बिना जीवन—ये सब खोखले हैं।

बुढ़ापा शक्ति और सौंदर्य को नष्ट कर देता है। अधूरी आशाएँ धैर्य को खत्म कर देती हैं। मृत्यु शरीर को समाप्त कर देती है, जबकि बेमेल कर्म चरित्र को नष्ट कर देते हैं। क्रोध विवेक को अंधा कर देता है, और अभिमान सब कुछ निगल जाता है, पुत्री।

जीवन में किसी भी चीज़ की अति दुःख लाती है। कम भोजन के साथ अधिक परिश्रम करना, पर्याप्त विश्राम के बिना अपने ऊपर अत्यधिक भार डालना, नींद को नजरअंदाज करते हुए अत्यधिक चिंता करना, अपनी पाचन क्षमता से अधिक खाना, अपनी आय से अधिक खर्च करना, और सुखों में अत्यधिक लिप्त होना शरीर और आत्मा को कमजोर कर देता है। ये आदतें जीवन में पीड़ादायक बोझ बन जाती हैं, पुत्री।

क्रोध ज्ञान को नष्ट कर देता है। अहंकार गरिमा को खा जाता है। रिश्वत न्याय को भ्रष्ट करती है। चिंता जीवन को कम कर देती है। लालच सम्मान को दागदार कर देता है।

ध्यान पढ़ाई से श्रेष्ठ है, कर्म शब्दों से अधिक प्रभावशाली हैं, अनुभव ज्ञान से अधिक समृद्ध है, और सच्ची भावनाएँ खोखले शब्दों से अधिक महत्वपूर्ण हैं। संयम दमन से अधिक शक्तिशाली है, और वैराग्य त्याग से श्रेष्ठ है। अहिंसा सत्य से भी महान है, और सबसे ऊपर, हर आत्मा को अपनी आत्मा के समान मानना सबसे ऊँचा सद्गुण है।

हीरा, साधारण काँच के मोती के पास रखे जाने पर भी अपनी कीमत नहीं खोता। हीरा हीरा रहता है और काँच काँच। इसी प्रकार, पुत्री, ज्ञान, नैतिकता, अनुशासन और अच्छे संस्कारों से युक्त व्यक्ति किसी भी सभ्य समाज में सम्मानित होता है, चाहे भ्रष्ट समाज में उसकी कैसी भी धारणा हो।

आकस्मिक घटनाओं, बाधाओं, या असफलताओं से मत डरो। ये तुम्हारी शक्ति और क्षमता की परीक्षाएँ हैं। जैसे सोने को आग, पीटने, और दबाव से परखा जाता है, वैसे ही हमें भी जीवन की चुनौतियों से परखा जाता है। याद रखो, बिना पचा हुआ भोजन विष के समान है, जैसे बिना आत्मसात किया गया ज्ञान। घी और शहद को समान मात्रा में मिलाना विष है, और उसी प्रकार छात्रों में आलस्य, जीवनसाथी में अहंकार, और किसी भी चीज़ की अति जीवन को हानिकारक बनाती है।

पुत्री, जो दूसरों को लाभ पहुँचाए, वही धर्म है। जो अटल है, वही सत्य है। जो बिना अपेक्षा के देता है, वही उदार है। प्रेम हमें बाँधता है, और सच्चे मित्र विपत्ति में साथ खड़े रहते हैं। एक सच्चा मानव न्याय के लिए अथक परिश्रम करता है। कर्तव्यपरायण पुत्र या पुत्री अपने माता-पिता के लिए गौरव और खुशी का कारण बनते हैं। सच्चा शिष्य अपने गुरु के मार्गदर्शन का पालन करके प्रगति करता है। क्षमा द्वेष को त्यागने में निहित है, और सच्चा सुख संतोष से आता है।

एक शांत मन, जो क्रोध, ईर्ष्या, और दुर्भावना से मुक्त हो, भविष्यदृष्टि से युक्त हो, और अतीत को छोड़ने में सक्षम हो, सच्चा सुख प्रदान करता है। जो व्यक्ति अपनी आय से कम

खर्च करता है लेकिन आवश्यकताओं पर कंजूसी नहीं करता, अनावश्यक खर्चों से बचता है, समय का विवेकपूर्ण उपयोग करता है, समर्पण के साथ काम करता है, सोच-समझकर बोलता है, और अपने कर्तव्यों को पूर्ण निष्ठा से निभाता है, वह वास्तव में स्वस्थ और सुखी होता है। ऐसा व्यक्ति न केवल स्वयं आनंद का अनुभव करता है, बल्कि दूसरों में भी खुशी फैलाता है।

बिना उद्देश्य के किए गए प्रयास, चाहे वे दान हो या तपस्या, व्यर्थ हैं। एक ऐसा दान, जो किसी योग्य या जरूरतमंद व्यक्ति को नहीं दिया गया, अपनी महत्ता खो देता है। स्वादहीन और पोषणहीन भोजन उतना ही व्यर्थ है जितना कि ऐसा जीवन, जो परिवार या समाज में कोई योगदान न दे। जो माता-पिता अपनी पुत्री को अच्छे स्वभाव, नैतिकता, स्वास्थ्य, और चरित्र नहीं सिखा पाते, वे अपने कर्तव्य में असफल होते हैं।

पुत्री, बीमारियों की जड़ अक्सर लापरवाही होती है, और झगड़ों की जड़ असावधान हँसी। हँसी एक उपहार है, लेकिन इसे समझदारी से उपयोग करना चाहिए। जो हँसी दूसरों को खुशी देती है और उन्हें ऊँचा उठाती है, वह सार्थक है। लेकिन जो हँसी उपहास करती है, मजाक उड़ाती है, या दिल को चोट पहुँचाती है, वह मतभेद पैदा कर सकती है। याद रखो, द्रौपदी के उस व्यंग्य का, जब उसने दुर्योधन को "अंधे का अंधा पुत्र" कहकर उपहास किया। उस असावधानी ने वैर का बीज बो दिया, जो अंततः महान कष्ट का कारण बना। इसलिए, पुत्री, हँसी में भी सोच-समझकर काम करना।

सच्चे रिश्ते, विशेष रूप से भाई-बहन के, केवल एक ही गर्भ से जन्म लेने से परिभाषित नहीं होते। सच्चा भाई या बहन वही है, जो बीमारी, दुःख, अकाल, संकट, या आवश्यकता के समय तुम्हारे साथ खड़ा हो। जो आपातकाल में तुम्हारा सहारा बने और स्नेह के बंधन में बाँधे, वही सच्चा भाई-बहन है, न कि केवल जैविक संबंध।

स्वास्थ्य के संदर्भ में, यह याद रखना कि भोजन का सही तरीके से सेवन करना कितना महत्वपूर्ण है। भोजन से पहले सोना, चिंतित अवस्था में खाना, मल-मूत्र त्यागने के तुरंत बाद खाना, भोजन के अंत में पानी पीना, बिना सच्ची भूख के खाना, अत्यधिक भूख के बाद ज़्यादा खाना, बिना चबाए खाना निगलना, खाने के तुरंत बाद स्नान करना, तीन घंटे के भीतर फिर से खाना, या आठ घंटे से अधिक उपवास करना—ये सभी आदतें आंतरिक स्वास्थ्य को नुकसान पहुँचाती हैं।

अपने शरीर और मन का ध्यान रखो, मेरी बेटी। चाहे वह स्वास्थ्य हो या रिश्ते, लापरवाह कार्यों के दीर्घकालिक परिणाम होते हैं।

हर व्यक्ति की शक्ति उसके अद्वितीय गुणों में होती है: विद्वान की शक्ति उसके ज्ञान और बुद्धि में होती है, एक राष्ट्र की शक्ति उसकी सेना और एकता में, व्यापारी की शक्ति उसके धन और चतुराई में, सेवक की शक्ति उसकी सेवा और कर्तव्यनिष्ठा में, सरकार की शक्ति दंड और राजस्व में, सौंदर्य की शक्ति उसकी युवावस्था में, स्त्री की शक्ति उसकी विनम्रता में, पुरुष की शक्ति उसके साहस में, नायक की शक्ति उसकी वीरता में, और कमजोर की शक्ति शासन में होती है। बच्चे की शक्ति उसके रोने में, दुष्ट व्यक्ति की उसकी फुफकार में, मूर्ख की उसकी चुप्पी में, और भक्त की शक्ति भगवान की कृपा में होती है।

पुत्री, कर्म और चरित्र के परिणामों के प्रति सतर्क रहो। आलसी अपनी प्रसिद्धि खो देता है, दुष्ट अपने मित्र खो देते हैं, विवेकहीन अपने कुल को नष्ट कर देते हैं, असंस्कारी अपना ज्ञान खो देते हैं, विलासिता में लिप्त व्यक्ति अपनी संपत्ति गंवा देते हैं, कंजूस अपनी खुशी खो देता है, झूठ स्मरण शक्ति को नष्ट कर देता है, और मूर्खता बुद्धिमत्ता को खत्म कर देती है। जब बुद्धिमत्ता खो जाती है, तो बाकी सब कुछ खो जाता है। फिर भी, जो लोग विपत्ति में भी अपने विवेक को थामे रखते हैं, वे विनाश से बच सकते हैं।

जीवन में सच्ची समझ के क्षण अक्सर आते हैं: जब कोई धार्मिक प्रवचन सुनता है, किसी प्रियजन को जलते हुए देखता है, एक गंभीर रोगी से मिलता है, जब क्रोध शांत होता है, या जब कोई अपनी गलतियों पर पश्चाताप करता है। लेकिन ये भावनाएँ क्षणभंगुर होती हैं। यदि ऐसी समझ स्थायी होती, तो लोगों के जीवन में बेहतर बदलाव आ जाते।

एक शांत मन, जो क्रोध, ईर्ष्या, और दुर्भावना से मुक्त हो, भविष्यदृष्टि रखता हो, और अतीत को छोड़ने की क्षमता रखता हो, सच्चे सुख का मार्ग प्रशस्त करता है। जो व्यक्ति अपनी आय से कम खर्च करता है, अनावश्यक खर्चों से बचता है, समय का सदुपयोग करता है, पूरे मनोयोग से काम करता है, सोच-समझकर बोलता है, और अपने कर्तव्यों को पूर्ण निष्ठा के साथ निभाता है, वह न केवल स्वास्थ्य और खुशी प्राप्त करता है, बल्कि दूसरों में भी आनंद फैलाता है।

पुत्री, दुःख सहना तब तक अर्थहीन है, जब तक वह दान या तपस्या के लिए न किया जाए। जो दान अयोग्य या अवांछनीय लोगों को दिया जाए, वह व्यर्थ हो जाता है। बेस्वाद और पोषणहीन भोजन का कोई उद्देश्य नहीं होता। जो व्यक्ति अपने परिवार या समाज में योगदान नहीं दे सकता, उसका जीवन निष्फल है। यदि माता-पिता अपने बच्चों में अच्छे संस्कार, स्वास्थ्य, और चरित्र का निर्माण नहीं कर पाते, तो उनका माता-पिता होना भी अर्थहीन हो जाता है।

हँसी के विषय में सावधान भी रहो, पुत्री। हँसी अच्छी और आवश्यक है, लेकिन वह सार्थक

होनी चाहिए और दूसरों में खुशी लाए। असावधान हँसी, उपहास, या किसी का मजाक जो दिल को चोट पहुँचाए, अनावश्यक विवाद का कारण बन सकता है। याद करो द्रौपदी के वह लापरवाह शब्द, जब उसने दुर्योधन को "अंधे का अंधा पुत्र" कहकर उपहास किया। यह छोटी, असावधान टिप्पणी विनाशकारी प्रतिशोध का कारण बनी।

यहाँ तक कि मजाक भी सोच-समझकर करना चाहिए, क्योंकि शब्दों में घाव भरने या चोट पहुँचाने की शक्ति होती है। पुत्री, हमेशा यह ध्यान रखना कि तुम्हारे शब्द किसी को दुःख न पहुँचाएँ।

सच्चा भाई केवल वही नहीं होता जो एक ही गर्भ से जन्मा हो, बल्कि वह होता है जो बीमारी, दुःख, अकाल, संकट या आपातकाल के समय स्नेहपूर्वक तुम्हारा साथ दे, चाहे वह न्यायालय में हो, राज्यसभा में हो, या किसी अन्य महत्वपूर्ण परिस्थिति में। भाई-बहन का रिश्ता केवल जन्म से नहीं, बल्कि उनकी देखभाल और कार्यों से परिभाषित होता है।

स्वास्थ्य के संदर्भ में, कुछ आदतें हानिकारक होती हैं। भोजन से पहले सोना, चिंतित अवस्था में खाना, मल-मूत्र त्यागने के तुरंत बाद खाना, भोजन के अंत में पानी पीना, बिना भूख के खाना, बहुत अधिक भूख के बाद ज़्यादा खाना, बिना चबाए भोजन निगलना, खाने के तुरंत बाद स्नान करना, तीन घंटे के भीतर फिर से खाना, या आठ घंटे से अधिक उपवास करना—ये सब आदतें आंतरिक स्वास्थ्य को नुकसान पहुँचाती हैं।

पुत्री, हर व्यक्ति की अपनी शक्ति होती है। विद्वान की शक्ति उसके ज्ञान और बुद्धि में होती है। एक राष्ट्र की शक्ति उसकी सेना और एकता में है। व्यापारी की शक्ति उसके धन और चातुर्य में है। सेवक की शक्ति उसकी सेवा और निष्ठा में है। सरकार की शक्ति न्याय और शासन में है। सौंदर्य की शक्ति उसकी युवावस्था में है। स्त्री की शक्ति उसकी विनम्रता में है, और पुरुष की शक्ति उसके साहस में। नायक अपनी वीरता से शक्ति प्राप्त करता है, कमजोर शासन से, बच्चा रोने से, दुष्ट अपनी चतुराई से, मूर्ख अपनी चुप्पी से, और भक्त भगवान की कृपा से।

आलसी अपनी प्रसिद्धि खो देते हैं। दुष्ट अपने मित्रों को खो देते हैं। विवेकहीन अपने कुल को नष्ट कर देते हैं। असंस्कारी अपना ज्ञान व्यर्थ कर देते हैं। विलासिता में डूबे लोग अपनी संपत्ति गँवा देते हैं। कंजूस अपनी खुशी खो देता है। झूठ स्मरण शक्ति को नष्ट कर देता है। मूर्खता बुद्धिमत्ता को खत्म कर देती है। और जब बुद्धिमत्ता खत्म हो जाती है, तो सब कुछ बिखर जाता है।

फिर भी, जो लोग विपत्ति के बीच भी अपने विवेक को बनाए रखते हैं, वे अपनी दृढ़ता से

विनाश से बच सकते हैं। पुत्री, विवेक और अंतरात्मा का पालन जीवन की सबसे बड़ी ताकत है।

जीवन में कई ऐसे क्षण आते हैं जो हमें गहरी समझ और एहसास देते हैं। चाहे वह धार्मिक प्रवचन सुनने का अवसर हो, किसी रिश्तेदार की चिता देखना हो, गंभीर बीमारी से जूझते किसी व्यक्ति से मिलना हो, अपनी गलती पर पश्चाताप करना हो, या अपने क्रोध को शांत होते देखना हो—ये क्षण जीवन के गहरे सत्य का आभास कराते हैं। लेकिन ये भावनाएँ क्षणभंगुर होती हैं। यदि ये एहसास स्थायी हो जाएँ, तो लोगों का जीवन पूरी तरह बदल सकता है।

याद रखना, किसी भी चीज़ की अति कभी अच्छी नहीं होती। सीता की अत्यधिक सुंदरता उनके हरण का कारण बनी, रावण का अहंकार उसके पतन का कारण बना, और बाली की अत्यधिक दानशीलता ने उसे उसके भाग्य से बाँध दिया। किसी भी चीज़ की अति, चाहे वह मौन हो या वाणी, हानिकारक होती है।

हर चीज़ में संतुलन बनाए रखने का प्रयास करो। संतुलन जीवन को स्थिर, शांतिपूर्ण और सुखद बनाता है। अतिशयोक्ति से बचना ही सच्ची समझदारी है।

जैसा कहा गया है, विद्या ददाति विनयम्—ज्ञान विनम्रता प्रदान करता है। विद्या, जो विद शब्द से उत्पन्न हुआ है, का अर्थ है ज्ञान या सीखना। विद्या के माध्यम से विनम्रता का विकास होता है, अहंकार नष्ट होता है, और धर्म की प्राप्ति होती है। ज्ञान बुद्धि और शक्ति को बढ़ाता है, जिससे व्यक्ति कुशलतापूर्वक कार्य कर सकता है और साधारणता से ऊपर उठ सकता है। *बिना बुद्धि और शक्ति के, व्यक्ति चंचल और अक्षम हो जाता है।* इसके अतिरिक्त, धन, यदि ज्ञान और बुद्धि का मार्गदर्शन न हो, तो सही तरीके से उपयोग नहीं किया जा सकता। यही कारण है कि ज्ञान और बुद्धि मात्र भौतिक संपत्ति से श्रेष्ठ हैं।

पुत्री, एक सच्ची पत्नी वही है जो चरित्रवान, गुणी, सत्यवादी हो और जिसे उसके पति का सच्चा प्रेम प्राप्त हो। पत्नी होने का अर्थ केवल सिंदूर पहनना या संतान उत्पन्न करना नहीं है, न ही यह केवल सामाजिक या पारिवारिक दिखावे तक सीमित है। पति-पत्नी के संबंध का सच्चा सार उनके हृदयों के मिलन और उनके आपसी समर्पण में है। विवाहित जीवन, पुत्री, भगवान का एक पवित्र आशीर्वाद है, और यह केवल आपसी प्रेम, सम्मान, और समझ के माध्यम से फलता-फूलता है।

याद रखना: सबसे सुगंधित स्त्री वह है जिसकी सुगंध केवल उसका पति जानता और सराहता है।

जीवन में, पुत्री, हर चीज़ की परीक्षा होती है। दानी की परीक्षा उसके उपवास और निःस्वार्थता में है। वीर की परीक्षा रणभूमि में होती है। सच्चे मित्र की परीक्षा संकट के समय में होती है। और स्त्री की परीक्षा तब होती है जब उसका पति कठिनाई में होता है। मेरी यह प्रार्थना है कि तुम इन सभी परीक्षाओं का सामना गरिमा और शक्ति के साथ करो।

चरित्र को प्रयास और साधना के माध्यम से गढ़ा और परिष्कृत किया जा सकता है, लेकिन स्वभाव गहराई से अंतर्निहित होता है। यह कई जन्मों के संचित संस्कारों का परिणाम है। अपने स्वभाव को बदलने के लिए सतत आत्म-जागरूकता और ध्यान की आवश्यकता होती है। जब तुम दूसरों में दोष देखो, तो अपने भीतर झाँको और उन दोषों के अंश अपने अंदर खोजो। यह आत्मनिरीक्षण निश्चित रूप से तुम्हें सफलता की ओर ले जाएगा।

पुत्री, दूसरों की निंदा करने से अपनी ही निंदा को आमंत्रण मिलता है। इसलिए, किसी की आलोचना करने से बचो। जो आज तुम्हारे साथ खड़े हैं, वे कल तुम्हारे साथ न भी हो सकते हैं; रिश्तों की कोई गारंटी नहीं होती। इसलिए, अस्थायी संगति के आधार पर कभी अहंकार मत पनपने दो।

आखिर, डिग्री का क्या मूल्य है यदि अनुशासन, आचरण, और व्यवहार में त्रुटियाँ हों? सच्चा सम्मान और पहचान सही आचरण से प्राप्त होते हैं, न कि केवल शैक्षणिक उपलब्धियों से। अनुशासन और सदाचार ही किसी व्यक्ति के सच्चे मूल्य के संकेतक हैं और जीवन में उनके स्थायी मार्गदर्शक।

बुद्धि और सामान्य समझ के बीच एक बड़ा अंतर है। आज के समय में, लोगों के व्यवहार को देखते हुए, ऐसा लगता है कि हम अक्सर जिस "चतुराई" को बुद्धिमत्ता मान लेते हैं, वह भ्रम है। लेकिन बुद्धि, पुत्री, बहुत गहरी होती है—यह समझ पर आधारित होती है। चतुराई और बुद्धि एक जैसी नहीं हैं। चतुराई अक्सर सतही और स्वार्थपूर्ण होती है, जबकि बुद्धि विनम्रता और जीवन के गहन सत्य की समझ से जुड़ी होती है।

सच्ची बुद्धि वही है जो जीवन के गहरे अर्थों को समझे और दूसरों के लिए प्रेरणा बने। इसे अपनी राह का प्रकाश बनाओ।

दुर्भाग्यवश, आज की दुनिया में एक चिंताजनक प्रवृत्ति दिखाई देती है। लोग जितना अधिक शिक्षित होते जा रहे हैं, उतना ही अधिक वे अहंकारी, कपटी, भ्रष्ट, और बेईमान होते दिखते हैं। बुद्धिमान, विनम्र, और सदाचारी बनने के बजाय, कई लोग अपने ज्ञान का उपयोग स्वार्थी लाभों के लिए कर रहे हैं।

पुत्री, मेरी यह आशा है कि जैसे-जैसे तुम शिक्षा और ज्ञान में प्रगति करोगी, तुम अपनी बुद्धिमत्ता का उपयोग विनम्र, सरल और सदाचारी बने रहने के लिए करोगी। तुम्हारी शिक्षा तुम्हें अच्छाई और ईमानदारी का प्रतीक बनाए, न कि अहंकार और धोखे का।

याद रखना, सच्ची शिक्षा वह है जो न केवल तुम्हारे मस्तिष्क को समृद्ध करे, बल्कि तुम्हारे हृदय को भी। अपने ज्ञान से दूसरों को प्रेरणा दो, उनकी सहायता करो, और अपने आचरण से समाज में एक आदर्श स्थापित करो। तुम्हारा सरल और सच्चा व्यक्तित्व ही तुम्हारी सबसे बड़ी पहचान होगा।

हम जो क्रियाएँ नियमित रूप से करते हैं, वे हमारे अवचेतन मन में आदतों या रीति-रिवाजों के रूप में बस जाती हैं। यही अंतःप्रेरणा (intuition) का आधार है, जो स्वयं निर्मित नहीं होती, बल्कि हमारे वर्तमान और पूर्वजन्मों की संचित क्रियाओं द्वारा आकार लेती है। ये क्रियाएँ, चाहे अच्छी हों या बुरी, कभी समाप्त नहीं होतीं—ये ही हमारे भाग्य का निर्माण करती हैं।

यदि तुम एक बीज लगाती हो, तो वह अंततः पेड़ बनेगा और फल देगा, चाहे वह मीठा हो या कड़वा। उसी प्रकार, हर क्रिया का परिणाम होता है, चाहे वह इस जीवन में मिले या अगले जीवन में। इसलिए, हमेशा अच्छे कार्य करने का प्रयास करो, क्योंकि वे अच्छे परिणाम देंगे, चाहे वह अभी हो या भविष्य में।

धैर्य, साहस, आत्मनिर्भरता, और आत्म-संयम—ये चार गुण तुम्हारी सफलता के स्तंभ हैं।

धैर्य तुम्हें कठिनाइयों का सामना करने में सहायक होगा।

साहस तुम्हें निर्णायक और प्रभावी कार्रवाई करने की शक्ति देगा।

आत्मनिर्भरता तुम्हारे प्रयासों में आत्मविश्वास पैदा करेगी।

आत्म-संयम तुम्हारे कार्यों को विवेक और संतुलन के साथ संचालित करेगा।

इन गुणों को साथ लेकर चलो, पुत्री। इन्हें अपनाने से सफलता अनिवार्य रूप से तुम्हारे कदम चूमेगी। याद रखना, अच्छे कर्म और सकारात्मक गुण ही तुम्हारे जीवन का मार्गदर्शन करेंगे।

धैर्य और संतोष गरीबी को भी सहनीय बना सकते हैं। साधारण लेकिन साफ कपड़े, ताजा और गर्म भोजन, छोटा लेकिन साफ-सुथरा और व्यवस्थित घर—ये सब तब भी पर्याप्त लगते हैं, जब मन शांत और शरीर स्वस्थ हो। एक दयालु, मददगार और मधुर वाणी वाला व्यक्ति, उसकी शारीरिक बनावट कैसी भी हो, हमेशा सुंदर लगता है।

याद रखना, शासकों, मंत्रियों, अधिकारियों, दाँत, बाल, और नाखूनों की गरिमा उनकी सही स्थिति में होती है। जब वे अपना स्थान या कार्य खो देते हैं, तो उनकी महत्ता घट जाती है। उसी प्रकार, सूरज का सौंदर्य, युवावस्था, स्थान, और रूप तब फीके पड़ जाते हैं, जब वे ढलते या बदलते हैं। सज्जनों, विद्वानों, और स्त्रियों की सच्ची सुंदरता उनकी सत्यनिष्ठा में होती है। इसके बिना, वे अपना वास्तविक मूल्य खो देते हैं।

पुत्री, आँख अपने सही स्थान पर ही कीमती है, लेकिन जब यह अपनी जगह से हटा दी जाती है, तो इसका कोई मूल्य नहीं रहता। यही बात जीवन की हर चीज़ पर लागू होती है—उनकी महत्ता उनके उद्देश्य और स्थान में होती है। पेड़ से गिरे पत्ते, सिर से झड़े बाल, जल्दबाजी में कहे गए शब्द, या बंदूक से निकली गोली—ये सब एक बार चले जाने के बाद लौटाए नहीं जा सकते। इसे हमेशा याद रखना और अपने कार्यों और शब्दों को सोच-समझकर चुनना।

कुछ बातों को कभी भी खुलकर नहीं कहना चाहिए—अपनी संपत्ति, कमजोरियाँ, घर की खामियाँ, अपनी योजनाएँ, दोस्तों की कमियाँ, किए गए उपकार, या झेला गया अपमान। ये बातें गोपनीय रखनी चाहिए। कभी किसी पुरुष से उसकी आय के बारे में या किसी महिला से उसकी उम्र के बारे में मत पूछो। इसके अलावा, पुरुषों के साथ अनावश्यक नेत्र संपर्क से बचो और कभी अकेले में बैठने से भी परहेज करो। जब तक कोई कार्य सफलतापूर्वक पूरा न हो जाए, उसे किसी को प्रकट करना बुद्धिमानी नहीं है।

पुत्री, एक बुद्धिमान व्यक्ति हमेशा चीजों के सार को खोजता है, जैसे रोगी चिकित्सक की तलाश करता है, योगी एकांत खोजता है, और भिखारी एक उदार दाता की तलाश करता है। डरपोक व्यक्ति सुरक्षा चाहता है, धोखेबाज मूर्खों को ढूँढते हैं, पुलिस अपराधियों की खोज करती है, और दुष्ट लोग दूसरों को नुकसान पहुँचाने के अवसर तलाशते हैं। लेकिन, एक अच्छा छात्र, पुत्री, केवल ज्ञान की खोज करता है ताकि वह अपने मन और आत्मा को समृद्ध कर सके। यह सच्चा मार्ग है, जिस पर चलना तुम्हारे जीवन को सार्थक बनाएगा।

तपस्या का अर्थ है कष्टों को सहन करना; अहिंसा का अर्थ है शत्रुता का त्याग करना। सच्ची बुद्धि विद्वानों के प्रति विनम्रता और सद्कर्मों में लगी रहने में निहित है। सच्चा विद्वान वह नहीं है जो धार्मिक शब्दों को बिना समझे और बिना आचरण के दोहराता है। जैसे तोता "राम-राम" कहने से पवित्र नहीं हो जाता, या बगुला मछली पकड़ने के लिए शांत खड़ा रहने

से साधु नहीं बन जाता, वैसे ही गेरुए वस्त्र धारण करने या भस्म लगाने मात्र से कोई संत नहीं बनता। सच्चा सद्‌गुण व्यक्ति के कार्यों और चरित्र में प्रतिबिंबित होता है।

पहले कठिनाइयों का सामना करना और फिर सुख का अनुभव करना हमेशा बेहतर है। शुरुआत में गरीबी सहकर परिश्रम से संपत्ति अर्जित करना अधिक मूल्यवान है। पहले पैदल चलना और फिर सवारी करना, भूख का अनुभव कर सही भोजन करना, और अच्छे संतान के अभाव में संतानहीन रहना, यह सब बेहतर है। न्यायोचित तरीकों से कमाया गया धन अनावश्यक खर्चों में लिप्त रहने से बेहतर है। एक बुद्धिमान शत्रु मूर्ख मित्र से श्रेष्ठ होता है, और भगवान द्वारा दी गई परिस्थितियों में संतोषपूर्वक जीना सबसे बड़ी बुद्धिमानी है।

गहने सुंदरता और सम्मान को बढ़ाते हैं, लेकिन सबसे बड़े गहने सद्‌गुण हैं:

विद्‍या का गहना विनम्रता है।

धन का गहना दान है।

वीरता का गहना क्षमा है।

मूर्खता का गहना मौन है।

स्त्री का गहना शालीनता और विनम्रता है।

पुरुष का गहना साहस है।

भक्ति का गहना श्रद्धा है।

पुत्री, जीवन का अर्थ ही संघर्ष है, और संघर्ष ही जीवन है। इसे न तो कभी डरना चाहिए और न ही इससे भागना चाहिए। अर्थपूर्ण जीवन के लिए शरीर को स्वस्थ, मन को संतुष्ट, और हृदय को पवित्र रखना आवश्यक है। स्वस्थ रहना हमारा जन्मसिद्ध अधिकार है।

जो चंद्रमा दिन में उगता है, वह चाहे पूर्णिमा का ही क्यों न हो, उसकी सुंदरता नहीं दिखती। उसी प्रकार, युवावस्था के बिना स्त्री, कमल रहित झील, कंजूस अमीर, सुंदर मूर्ख, या सुंदर लेकिन दुष्ट स्त्री—ये सब आकर्षण से रहित होते हैं। इसी तरह, एक बेरोजगार पति या वह पत्नी जो मातृत्व का सुख नहीं दे सकती, अपने-अपने दायित्वों में अधूरे माने जाते हैं।

पुत्री, तुम्हारे सच्चे और प्राकृतिक मित्र हैं—ज्ञान, वीरता, बुद्धि, साहस, और धैर्य। इन्हें अपने पास रखो। विशेष रूप से आपातकाल या संकट के समय इन पर भरोसा करके, तुम किसी भी चुनौती का सामना करने की शक्ति प्राप्त करोगी। जो लोग इन सद्गुणों का पालन करते हैं, वे कभी विचलित नहीं होते।

ऐसा कुछ भी न करो, जिससे दिन के कार्यों के कारण रात को चैन की नींद न ले सको। इसी प्रकार, रात में ऐसा कोई कार्य न करो, जिससे दिन में दूसरों का सामना करना कठिन हो जाए। पूरे वर्ष ऐसे जियो कि समस्याओं के कारण कभी दूसरों पर निर्भर न होना पड़े। अपनी युवावस्था में ऐसा आहार अपनाओ, जिससे बुढ़ापे में स्वस्थ और प्रसन्न रह सको। अपने जीवन में ऐसे कर्म करो कि जब यह दुनिया छोड़ो, तो गरिमा और शांति के साथ विदा हो सको।

पुत्री, सत्य तुम्हारा मन हो, तपस्या तुम्हारी आत्मा, शिक्षा तुम्हारी वाणी, ज्ञान तुम्हारा कर्म, करुणा तुम्हारा धर्म, सेवा तुम्हारी माता, सद्गुण तुम्हारे पिता, सहायता तुम्हारा भाई, शांति तुम्हारी बहन, साहस तुम्हारा पुत्र, सौभाग्य तुम्हारा मित्र, और साहस तुम्हारा शस्त्र हो। और सबसे बढ़कर, भगवान की भक्ति तुम्हारा जीवन हो।

पुत्री, ऐसे लोग दुर्लभ होते हैं, लेकिन मुझे विश्वास है कि तुम उनमें से एक बनोगी। तुम केवल अपने लिए नहीं, बल्कि बीमारों, दुःखी लोगों, गरीबों, अनाथों और वृद्धों के लिए भी जियोगी।

आशीर्वाद और प्रेम के साथ,

तुम्हारे पिता,

बाबा योगिराज

☙

उद्धरण और संदर्भ

यह पुस्तक मेरे स्वास्थ्य विषयों पर किए गए अनेकों शोध कार्यों में से एक है। यह मेरे द्वारा लिखित नेपाली पुस्तक "स्वस्थ जीवन" का हिंदी अनुवाद है, जिसे मेरी बेटी "धृति घिमिरे" ने, जो भारत में अध्ययनरत है, पूर्ण किया है। अनुवाद के दौरान कुछ परिवर्तन होना स्वाभाविक है, और शोध कार्यों में सदैव परिमार्जन और परिष्कार की संभावनाएँ बनी रहती हैं। जब कोई शोध लिखा जाता है, तो उस समय उपलब्ध तथ्यों और दृष्टिकोणों के आधार पर विचार प्रस्तुत किए जाते हैं। लेकिन जैसे-जैसे शोध प्रक्रिया आगे बढ़ती है, इन विचारों को और अधिक सटीक और परिष्कृत करने की संभावनाएँ उत्पन्न होती रहती हैं।

आज जो बातें इस पुस्तक में लिखी गई हैं, वे भविष्य में नए दृष्टिकोण और सूचनाओं के आधार पर और भी बेहतर रूप ले सकती हैं। इसलिए मैं अपने पाठकों से निवेदन करता हूँ कि इस पुस्तक को इस संभावना के साथ पढ़ें कि इसके आगामी संस्करणों में और अधिक संशोधन और सुधार किए जा सकते हैं। यह पुस्तक व्यापक अनुसंधान और गहन विश्लेषण का परिणाम है। इसमें विभिन्न स्रोतों जैसे - पुस्तकों, विद्वानों के अध्ययन, और व्यक्तिगत अनुभवों को सम्मिलित किया गया है। इसके अतिरिक्त, प्रासंगिक जानकारी और आँकड़े जुटाने के लिए विभिन्न वेबसाइटों की भी सहायता ली गई है। इन सभी प्रयासों के बावजूद, अनजाने में त्रुटियाँ होने की संभावना बनी रहती है। मैं अपने पाठकों के विचारों और सुझावों को अत्यधिक महत्व देता हूँ। यदि किसी त्रुटि की पहचान होती है, तो उसे सुधारने के लिए आपका सुझाव स्वागत योग्य और आवश्यक है। आपके विचार और सुझाव इस संस्करण को बेहतर बनाने के साथ-साथ भविष्य के संस्करणों की गुणवत्ता को भी उत्कृष्ट बनाएंगे।

मैं अभिव्यक्ति की स्वतंत्रता के भारत के संविधान द्वारा सुनिश्चित अनुच्छेद 19(1)(क) का पालन करते हुए, सभी पाठकों के दृष्टिकोणों और विचारों का सम्मान करता हूँ। मेरा उद्देश्य अपनी कृतियों में उच्चतम स्तर की सटीकता और विश्वसनीयता बनाए रखना है। आपके समर्थन और समझ के लिए मैं हृदय से आभारी हूँ।

संपर्क

बाबा योगिराज

(योग शिक्षक एवं पंचगव्य आयुर्वेद विशेषज्ञ)

हिमलक्ष्मी आरोग्य-धाम
ठाड़ा-5, डोहोटे, अर्घाखाँची, नेपाल

dhritighimire@yahoo.com

www.babayogiraj.com

सर्वे भवन्तु सुखिनः सर्वे सन्तु निरामया।

सर्वे भद्राणि पश्यन्तु मा कश्चित् दुःख भाग्भवेत्।।
अब तक प्रकाशित उस्तकें:

घरेलू चिकित्सा संग्रह - 2003
स्वस्थ जीवन का रहस्य - 2013